Jean-Pierre Wils | Ruth Baumann-Hölzle

Mantelbüchlein Medizinethik II

Jean-Pierre Wils
Ruth Baumann-Hölzle

Mantelbüchlein Medizinethik II

Vertiefung

Grundsatzthemen zur Weiterbildung von Fachpersonen in Medizin und Pflege

Schulthess § 2013

Bibliografische Information der Deutschen Nationalbibliothek
Die Deutsche Nationalbibliothek verzeichnet diese Publikation in der Deutschen Nationalbibliografie; detaillierte bibliografische Daten sind im Internet über http://dnb.d-nb.de abrufbar.

ISBN 978-3-7255-6772-0

www.schulthess.com

«Wenn wir miteinander diskutieren, stellen wir die Gewohnheiten, die unser Denken formen, in Frage, indem wir sie interpretieren, korrigieren und ausarbeiten. Auf diese Art und Weise erlangen wir eine Auffassung über eine gerechte Gesellschaft mittels einer Konversation, die unter Zwang stattfinden muss wegen der Begrenzungen des alltäglichen Lebens, die da sind: der Zeitdruck, die Strukturen der Autorität, die Vorgaben von Parteien und Bewegungen, die Muster der Sozialisation und der Erziehung, die etablierten Verfahren des institutionalisierten Lebens.»

(Michael Walzer 2007)

Inhaltsübersicht

Einführung

Dieses sogenannte «Mantelbüchlein Medizinethik II, Vertiefung» will ein *Vademecum* für all jene sein, die in der Medizin und in der Pflege tätig sind und dort moralisch relevante Entscheidungen treffen müssen. Ein Vademecum ist ein Taschenbuch, ein Ratgeber oder ein Leitfaden. Alle drei Bedeutungen passen zu unseren Anliegen. Eine Einschränkung gilt gleich vorneweg: Es wäre vermessen zu hoffen, dass das Büchlein buchstäblich in die Manteltasche jener passen würde, die professionell mit medizinethischen Sachverhalten zu tun haben oder zu tun haben werden. Es ist ein Taschenbuch im übertragenen Sinn geworden. Ein Ratgeber möchte es in jedem Falle sein, aber nicht im herkömmlichen Sinne. Ratgeber sind eben oft Rat*geber.* Letztere verabreichen Rezepte oder gar ein besseres Wissen, das die Lösung der anstehenden Probleme verspricht. Diätbücher sind mittlerweile zum Schreckgespenst für diese Literaturgattung geworden, ebenso die Ratgeber für ein glückliches Leben. Wer sich allerdings ernsthaft mit medizinethischen Fragen befasst hat, wird Rezepte nicht mehr erwarten können und wollen. Medizin und Pflege lassen solche scheinbaren Lösungen nicht zu. Vermutlich sollte man in ernsten und schwierigen moralischen Fragen die Rede von *Lösungen* sowieso besser vermeiden. Es sind aber gerade der Ernst und die Schwierigkeit solcher Fragen, die ein solides Wissen erforderlich machen, das in die Problematik einführt. Dieses Mantelbüchlein unternimmt einen solchen Versuch. Und drittens will es deshalb auch im buchstäblichen Sinne ein Leitfaden sein. Es will bei der Suche nach angemessenen Entscheiden orientieren und unterstützen.

Dieses «Mantelbüchlein Medizinethik II» bildet die (notwendige) Vertiefung und Grundlegung des Basiswissens, das wir im ersten Mantelbüchlein präsentiert haben. Diese zweite, umfangreichere Abhandlung ist für alle *Unterrichteten* gedacht, die über die Einführung hinaus ihr erworbenes Wissen eben vertiefen und stabilisieren möchten. Auch für die *Unterrichtenden* ist die zweite Abhandlung von grosser Bedeutung: Nun werden Argumente entwickelt, die im ersten Teil aus pragmatischen und zeittechnischen Gründen nicht vorgetragen werden können. Beide Bücher bilden im Grunde eine Einheit.

Die verschiedenen konkreten Anwendungen entlang der menschlichen Lebensspanne werden wir in einem dritten Mantelbüchlein erörtern. Dort werden wir das menschliche Leben – von der Befruchtung bis zum Tode –

in Hinblick auf die relevanten medizinethischen Probleme thematisieren. Zur Zeit der Aufklärung waren Mantelbüchlein kleine Schriften, die oft versteckt werden mussten und heimlich – in der Manteltasche – mitgenommen wurden. Heute ist in der Ausbildung des medizinischen und pflegerischen Personals ein solches Versteckspiel nicht mehr nötig. Dennoch betreibt auch dieses Büchlein Aufklärung, denn es will für Klarheit sorgen.

Jean-Pierre Wils/Ruth Baumann (Nijmegen/Zürich, Januar 2013)

I. Ethik

Das elementare Wissen

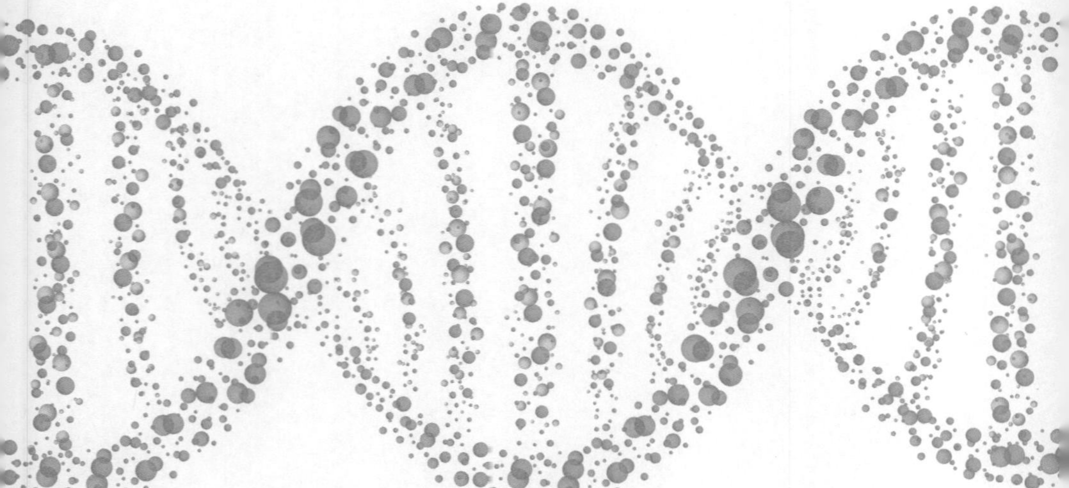

1. Ethik als Theorie der Moral

Menschliche Handlungen verstehen sich nicht von selbst. Menschen verfügen wegen ihrer langen kulturellen Evolution über keine Instinkte mehr, die sie lenken und die Erreichung bestimmter Ziele aufgrund von biologischen Prägungen in Aussicht stellen. Menschen machen *individuell* eine moralische Entwicklung durch: Zwischen der Kindheit und dem Erwachsenenalter verändern sich Einstellungen und Haltungen. Zunächst gelten die Sitten und Moralvorstellungen der sozialen Umgebung als gegeben. Es gibt Handlungen, die sozial sanktioniert sind und vom Kind weitestgehend fraglos akzeptiert werden. Es wird erwartet, dass das Kind ihnen gemäss handelt, ohne dass im Einzelnen dafür Begründungen geliefert werden müssen. Im Laufe ihrer Entwicklung zum Erwachsenen wird die betreffende Person immer wieder die Erwartungen, die an sie in moralischer Hinsicht gerichtet werden, problematisieren. Die Person muss dann ein bewusstes Verhältnis zu diesen Erwartungen und zu den entsprechenden Moralauffassungen entwickeln. Sie kann sie ablehnen, modifizieren oder aber auch bestätigen.

Aber nicht nur die Einzelnen entwickeln sich. Unsere Gesellschaft ist als ganze in Bewegung, auch in moralischer Hinsicht. Das hat zur Folge, dass das soziale Umfeld nicht länger eine Garantie für stabile moralische Orientierungen mehr darstellt. Wissenschaftliche und technologische Fortschritte verändern unsere Lebensbedingungen auf eine entscheidende und immer schneller sich vollziehende Art und Weise. Und je offener eine Gesellschaft hinsichtlich ihrer moralischen Vorschriften wird, um so freier können Menschen grosse Teile ihres Lebens bestimmen. Aber damit steigt auch das Risiko, dass man sich mit anderen nicht ohne Weiteres wird verständigen können. Die Welt, in der wir leben, befindet sich in einem permanenten Wandel. Deshalb werden wir mit neuen, bisher unbekannten Handlungssituationen konfrontiert.

Einige dieser Handlungssituationen haben einen *moralischen* Charakter. Wenn wir es mit «Moral» zu tun haben, wird das in einigen ganz einfachen Begriffen sofort deutlich: Wir wollen in bestimmten Handlungssituationen *richtig* und *gut* handeln. Wir wollen *falsche* und *schlechte* Handlungen vermeiden. Wir sprechen auch von *verbotenen, erlaubten* oder *gebotenen* Handlungen. Wir benutzen das Vokabular von *Rechten* und *Pflichten*. Die

Prädikate «richtig» und «gut» machen *zusammen* bereits das sprachliche Grundgerüst der Moral aus. Alle anderen Kategorien der Moral sind von diesem Grundcode abhängig.

In unserem Zusammenhang ist es von grösster Wichtigkeit, dass wir uns bereits am Anfang auf einen gemeinsamen *Begriff* der «Moral» und auf einen genauen *Begriff* der «Ethik» verständigen. Dies hat zweierlei Gründe. Erstens: Bei einigen wenigen Autoren wird «Moral» als der Bereich universeller Gerechtigkeitsprinzipien, der Menschenrechte und der Grundrechte verstanden – der Bereich intersubjektiver Regeln im strikten Sinne. Dagegen verstehen sie unter «Ethik» den Bereich des eigenen Lebens, der individuellen Wahl eines guten Lebens. Der Unterschied zwischen Moral und Ethik widerspiegelt bei ihnen den Unterschied zwischen dem, was wir gemeinsam und zwecks gegenseitiger Verbindlichkeit regeln müssen, und den anderen Bereichen des Lebens, wo dies nicht gilt. Diese Position ist aber eine Minderheitenposition, die zu zahlreichen Missverständnissen und Undeutlichkeiten führt. Eine solche Undeutlichkeit liegt beispielsweise dann vor, wenn in dieser Position ein Name für die Disziplin gefunden werden muss, die sich sowohl mit ihrer «Ethik» als auch mit ihrer «Moral» befasst. Diese Disziplin wird dann «praktische Philosophie» genannt oder *auch* «Ethik». Eine solche unnötige Komplikation müssen wir aber vermeiden.

Wir teilen dagegen die Position der allermeisten Ethiker und Ethikerinnen, denen zufolge die Ethik eine *Theorie* ist, deren *Gegenstand* die Moral darstellt. Selbstverständlich benutzen wir im alltäglichen Sprachgebrauch häufig die Prädikate «moralisch» und «ethisch» sehr viel weniger diszipliniert. Wir nennen ein Verhalten «unethisch» und meinen «unmoralisch». Gegen diese Unschärfe in der Alltagssprache ist nichts einzuwenden. Aber als *wissenschaftliche* Disziplin braucht die Ethik deutliche Begrifflichkeiten und analytische Klarheit. Auch das ethische Gespräch oder das ethische Entscheidungsverfahren braucht diese Deutlichkeit und Klarheit.

Zweitens: Was alles zur Moral gehört, ist nicht unmittelbar evident. Es gibt einen *weiten* und einen *engen* Begriff von «Moral». Moral im *weiten* Sinne umfasst die Konventionen der Höflichkeit, die Üblichkeiten und Gewohnheiten, die Sitten und Bräuche, die verschiedenen Gruppenmoralen und das Berufsethos, aber auch unsere Handlungsnormen und unsere Werte. Moral im *engen* Sinne umfasst dagegen lediglich jene Fragen, in denen es darum geht, wie wir leben *können* und *sollen,* was also für unser Leben verbindlich ist, welche Handlungsnormen wir mit anderen *verbindlich* teilen müssen und wo wir zu individuellen Lebensentscheidungen berechtigt sind. Ein anderes Wort für diese Verbindlichkeit ist der Begriff der *Normativität.* Normativ sind Angelegenheiten, die einen bindenden, verpflichtenden moralischen Status haben. Diese Moral im *engen* Sinne wird gelegentlich auch als die Sphäre der *Moralität* bezeichnet. Jedenfalls gilt, dass die Prädikate «gut» und «schlecht», «richtig» und «falsch» hier ihren Ort haben. Darüber hinaus sind wir in *diesem* Bereich *verantwortlich* für unser Tun und Lassen. Für die Handlungen, die hier stattfinden oder die wir unterlassen, können wir zur *Rechenschaft* gezogen werden. Wir benutzen den Begriff der Moral im hiesigen Mantelbüchlein in diesem umgrenzten Sinne.

Das bedeutet im Übrigen nicht, dass in ethischen Entscheidungsverfahren nicht Gewohnheiten oder Traditionen, Sitten und Bräuche berücksichtigt werden sollten. Aber der «Sitz im Leben» solcher Verfahren ist ein moralischer Konflikt, sofern er gerade *nicht* von Gewohnheiten, Traditionen, Sitten und Bräuchen gelöst werden kann. Natürlich sind Traditionen und ihre bewährten Institutionen immer noch wichtig. Aber sie können uns nicht von der eigenen Reflexion befreien und entlasten. Und angesichts neuer Handlungsdilemmas lassen sie uns immer wieder im Stich. Deshalb brauchen wir die Ethik. In der Ethik vollziehen wir eine Reflexion über die moralische Qualität unserer Handlungen. Die Ethik ist also deren *Theorie.* Die Moral ist der Gegenstand der Ethik.

Ethik ist die Theorie der Moral. Moral ist der Gegenstand der Ethik. Die Moral umfasst Handlungen unter dem Anspruch des Richtigen und des Guten, für die wir zur Rechenschaft gezogen werden können, weil wir für sie verantwortlich sind.

2. Ethik als Verständigungshilfe

In komplexen, modernen Gesellschaften hegen ihre Bürger oft verschiedene Auffassungen über das, was zu tun (oder zu lassen) ist. Es existieren in diesen Gesellschaften voneinander abweichende moralische Überzeugungen. Wir können uns zwar über verschiedene Bereiche unseres Lebens leicht verständigen, aber in unserer religiös und kulturell pluralisierten Lage ist dies längst nicht immer und überall der Fall. Die biomedizinischen Wissenschaften haben darüber hinaus Handlungsmöglichkeiten geschaffen, die oft ausserordentlich umstritten sind: Pränataldiagnostik, Stammzellforschung oder Sterbehilfe können als prominente Beispiele für diese Entwicklung gelten. Wenn wir uns aber weiterhin verständigen wollen, brauchen wir einen Rahmen für ein *Gespräch*. Wir müssen wissen, in welcher Sprache wir uns begegnen können, welche die wichtigsten Begriffe und Kategorien sind, und wir müssen uns davon überzeugen, welche Argumente gültig und akzeptabel sind. Wir möchten angemessene Urteile fällen, die einen rationalen Charakter haben. Deshalb brauchen wir die Ethik. So gesehen ist die Ethik eine Verständigungshilfe, ein Mittel zur Verbesserung und also auch zur Wahrung des moralischen Charakters eines Gespräches über strittige oder unklare moralische Angelegenheiten.

Ethik ist eine Verständigungshilfe in moralischen Angelegenheiten. Sie prüft die Gültigkeit unserer Argumente und hilft uns, rationale von nicht rationalen Standpunkten zu unterscheiden und begründete Urteile zu fällen.

3. Richtigkeit als Angemessenheit

Aber wieso nennen wir einen ethischen Standpunkt «richtig» bzw. «angemessen» und nicht vielmehr «wahr»? Sind ethische Standpunkte demzufolge nicht wahrheitsfähig? Die Antwort auf diese Frage ist ausserordentlich schwer und in der akademischen Ethik heftig umstritten. In unserem Zusammenhang müssen wir uns mit einer wichtigen historischen Bemerkung begnügen, die sich auf die Eigenart der Gegenstände ethischer Sätze richtet – also auf die Eigenart menschlichen Handelns.

Wenn wir handeln, verändern sich die Handlungsumstände und Situationen dauernd. Genau gleiche Handlungen und genau gleiche Handlungsumstände existieren kaum. In den beiden genannten Fällen hätten wir mit

Grenzfällen oder – schlimmer noch – mit unfruchtbaren Idealisierungen zu tun. Weil die Umstände gleichsam fliessend sind, macht es aber keinen Sinn, von einer *wahren* Handlung zu sprechen. Ein einfaches Beispiel muss genügen. Einen Ertrinkenden zu retten ist unter bestimmten Bedingungen *richtig* und deshalb *gut*. Ändern sich die Bedingungen (weil ich nämlich nicht selber schwimmen kann), kann es aber richtig sein, *nicht* zu helfen, weil ich nicht helfen *kann* und ich mein eigenes Leben zusätzlich in Gefahr brächte.

Dieses triviale Beispiel vermag immerhin unmittelbar und einleuchtend zu erklären, weshalb die Handlungsnorm «Rette das Leben eines Ertrinkenden» keine *wahre* Norm ist, sondern unter gegebenen Umständen eine *richtige* Norm. Einem Ertrinkenden zu helfen ist dann richtig, wenn ich selber schwimmen kann. Die Norm richtet sich gleichsam an alle Schwimmer. Die Handlungsumstände können sich ändern, weshalb eine Norm interpretiert und unter Berücksichtigung der Umstände ausgeführt werden muss. Für einen Nichtschwimmer wäre die Norm also nicht verbindlich. Sie verliert aber auch dann ihre Verbindlichkeit, wenn die Rettung ein unverhältnismässiges Risiko für den potenziellen Retter darstellte oder angesichts der konkreten Umstände aussichtslos wäre. Falls Normen *wahr* wären, könnten sie nicht eingeschränkt oder modifiziert werden. Die *Richtigkeit* einer Norm erlaubt aber Anpassung an die Umstände des Handelns. Richtigkeit bedeutet dann – den Umständen entsprechend angemessen.

Von dem griechischen Philosophen Aristoteles (384–322 v. Chr.) stammt der Satz: «Im Handeln (sein) bedeutet: dass es auch anders sein kann.» (Von der Seele, III, 433a) Damit ist neben anderen Aspekten der Handlung, eben genau gemeint, dass Handlungen – je nach Umständen – anders ausfallen können. Wir verfügen über kein sicheres Wissen oder über Gesetze, die in dem Sinne streng allgemeingültig sind, dass sie uns gleichsam für alle Situationen wappnen. Unser Wissen in moralischen Angelegenheiten ist fehlbar und meistens sind wir nur zu wahrscheinlichen Urteilen in der Lage. Handlungsregeln müssen also oft auf den Einzelfall bezogen und im Hinblick auf ihre Anwendung präzisiert werden. Aristoteles war der Meinung, dass das Wissen, das wir hier erwerben können, immer fallspezifisch sein muss, weil «das Handeln auf das Einzelne geht», während das wissenschaftliche Wissen, wie wir heute sagen würden, sich in überprüfbare allgemeine Gesetze giessen lässt und also wahrheitsfähig ist. Aus diesem Grund stellt

Aristoteles fest, dass die Ethik im strengen Sinne keine Wissenschaft sein kann: Ihr Gegenstand ist «das Relative und Zeitliche» (Metaphysik II, 993b) bzw. «das letztlich gegebene Einzelne» (Nikom. Ethik VI, 1142a). Auch das ist ein Grund, im Bereich der Ethik nicht von wahren, sondern von richtigen Normen zu sprechen. Von unseren Handlungen können wir in etlichen Situationen lediglich behaupten, dass sie aller Wahrscheinlichkeit nach richtig sind. Sie sind dann *angemessen.*

Menschliche Handlungen erlauben selten sicheres Wissen oder Gewissheit. Angemessenes Handeln bedeutet meistens, dass unser Tun oder Lassen den Umständen entsprechend richtig ist. Nicht selten aber ändern sich die Umstände, sodass wir eine Norm interpretieren und fallspezifisch anwenden müssen. Deshalb sprechen wir von Richtigkeit als Angemessenheit. Richtige, weil angemessene Handlungen nennen wir «gut».

4. Deskriptionen und Präskriptionen – Beschreiben und Vorschreiben

Wenn Menschen im Hinblick auf ihre Handlungen oder Handlungsoptionen Uneinigkeit feststellen, sind sie nicht ohne Weiteres bereit, ihren jeweiligen Standpunkt aufzugeben. Oft werden sie für ihre eigene Auffassung kämpfen. In bestimmten Bereichen ihres Lebens werden sie die Auffassungen anderer und auch deren Handlungen tolerieren, in anderen Situationen werden sie aber nicht bereit sein, das so ohne Weiteres zu tun. In moralischen Angelegenheiten ziehen wir deshalb *Grenzen* des Erlaubten oder des Tolerierbaren. Einige Handlungen halten wir jedenfalls *grundsätzlich* für geboten oder verboten. Uns ist es nämlich nicht gleichgültig, wie gehandelt wird. Und wir argumentieren dann zugunsten der Richtigkeit unserer Überzeugung. Diese einfachen Beobachtungen zeigen, dass wir uns in moralischen Angelegenheiten nicht damit begnügen, Handlungssituationen lediglich zu *be*schreiben oder festzustellen, wie gehandelt wird. Wir wollen vielmehr *vor*schreiben, wie in einer spezifischen Lage gehandelt werden *soll.* Deshalb geht es in der Ethik nicht um die Deskription (Beschreibung) eines moralischen Sachverhalts, sondern um die Präskription (Vorschrift), wie zu handeln ist bzw. welche Handlungen sich gehören. Die Fähigkeit, deskriptive von präskriptiven Aussagen zu unterscheiden, gehört zu den allerwichtigsten ethischen Kompetenzen. Wir können Sachverhalte beschreiben, ohne sie zu werten. In den Naturwissenschaften, in der Medizin, in den technischen Wissenschaften, aber auch in den Human- und Sozialwissenschaften haben wir es meistens mit *Beschreibungen* oder Deskriptionen zu tun.

Aber in all diesen Wissenschaften kommen selbstverständlich immer wieder auch *Wertungen* vor: Prädikate wie «richtig», «schön» oder auch «gut» stellen solche Wertungen dar. Wir bringen in diesen Prädikaten zum Ausdruck, dass wir bestimmte Sachverhalte oder Leistungen *schätzen*. Eine Mathematiklösung können wir als «gut» bezeichnen, womit wir dann meinen, sie sei richtig gelöst und angesichts ihrer Komplexität deshalb zu loben. Wir schätzen die Leistung des Mathematikers. Im Einzelfall kann der mathematische Beweis sogar auch «schön» sein. Solche Wertungen sind aber noch längst keine Präskriptionen oder *Vorschriften:* Wir können von niemandem, der keine mathematische Begabung hat, verlangen, dass er komplexe Beweise «gut» oder «schön» finden muss, geschweige denn, dass er solche Beweise auch selber erbringen sollte. In der Ethik ist das aber anders: Wertungen, die dort vorgenommen werden, indem eine Handlung als «richtig» oder «gut» qualifiziert wird, bringen *verbindliche* Urteile zum Ausdruck. Verbindliche bzw. präskriptive Urteile nennen wir *normative* Urteile. Sie beruhen also auf *präskriptiven* Wertungen. Wir schreiben solche Handlungen vor, wir verlangen, dass diese Handlungen ausgeführt werden *sollten.* Die Präskriptionen stellen also nur einen Teilbereich der Wertungen dar. In der Ethik machen sie aber das Kerngeschäft aus, weshalb ihre Unterscheidung von blossen Beschreibungen eben eine ethische Kernkompetenz darstellt. Wer aus Deskriptionen oder Beschreibungen *unmittelbar* Präskriptionen oder normative Handlungsanweisungen meint ableiten zu können, begeht einen sogenannten «naturalistischen Fehlschluss». Tatsachen, faktische Verhältnisse oder blosse Beschreibungen müssen zunächst mit normativ-ethischen Kommentaren, wie sie in der normativen Ethik entfaltet werden, konfrontiert werden, *bevor* wir aus ihnen Handlungsanweisungen ableiten können.

Nun sind solche Präskriptionen nicht immer leicht zu identifizieren. Bereits die Auswahl gewisser Fakten als solche kann Wertungen im ethischen Sinne enthalten. Wer bestimmte Fakten nicht nennt, kann insinuieren, dass wir bestimmte Handlungen unterlassen *sollten*. Auch der Tonfall kann entscheidend sein. Die feststellende Aussage «Patient Müller ist 86 Jahre alt» kann als eine Information betrachtet werden. Die Aussage «Patient Müller ist 86 Jahre alt!!» ist aber bereits weit von einer bloss informativen Aussage entfernt. Hier haben wir es erneut mit einer präskriptiven Aussage zu tun, obzwar sie keinen unmittelbaren Gebrauch macht von moralischen Prädikaten. Aber auch diese Aussage will etwas bewirken. Sie will je nach Umständen etwas *vorschreiben* – mehr Respekt im Umgang mit der betreffenden Person, die Unterlassung bestimmter Massnahmen oder gerade das Gegenteil, die sofortige erforderliche und deshalb moralisch angemessene Hilfe.

Wir wollen am Ende also richtig und gut handeln und sind nicht zufrieden mit der einfachen Feststellung, dass unterschiedliche Standpunkte und Auffassungen vorliegen. Wenn wir uns selber als moralisch handelnde Wesen ernst nehmen, werden wir *Richtigkeit* für unsere Auffassungen und Praktiken in Anspruch nehmen. Das bedeutet übrigens nicht, dass wir auf starre Rechthaberei beharren. Ganz im Gegenteil. Wer auf der Suche nach Richtigkeit ist, wird zugeben müssen, dass er oder sie gelegentlich irrt bzw. irren kann. Aber das hat längst nicht zur Folge, dass wir eigenen oder fremden moralischen Auffassungen mit Gleichgültigkeit begegnen. Wenn wir eine Handlung richtig nennen, meinen wir eben nicht, dass diese Richtigkeit nur hier und jetzt gilt oder anderswo und zu einem späteren Zeitpunkt *ebenso* falsch sein kann. Wir sind auf der Suche nach Richtigkeit «tout court», also schlechthin.

Ethik ist eine präskriptive Theorie moralischen Handelns. Sie orientiert uns und formuliert Vorschriften im Hinblick auf dasjenige, was wir tun sollen, was erlaubt ist und was wir lassen müssen. Dabei nehmen wir in Anspruch, dass unsere Handlungen richtig sein sollten. Aus diesem Grund müssen wir deskriptive, also beschreibende, von präskriptiven, also vorschreibenden Sätzen und Aussagen unterscheiden.

5. Freiheit und Verantwortung für Handlungen

Die Vorschriften, die in der Ethik formuliert werden, sind der Ausdruck unseres Verlangens, angemessen und also richtig zu handeln. Aber was sind überhaupt Handlungen? Letztere unterscheiden sich von blossem Verhalten und von Üblichkeiten. Wer sich *verhält,* tut dies nach einem gewissen Schema, nach einer sozialen oder kulturellen Konvention. Er orientiert sich an Üblichkeiten, Sitten oder Gewohnheiten. Wer gegen sie verstösst, muss gegebenenfalls mit gewissen Sanktionen rechnen. Die Übertretung signifikanter *moralischer* Massstäbe führt allerdings zu Achtungsentzug, gegebenenfalls sogar zu empfindlichen Strafen. In diesem Fall haben wir nicht bloss mit einem Verhalten zu tun, sondern mit Handlungen im strikten Sinne. Für unsere *Handlungen* können wir zur Rechenschaft gezogen werden. Sie werden uns selber zugeschrieben und angerechnet, weil wir für sie *verantwortlich* sind. Verantwortung für unsere Handlungen haben wir, weil sie zwei wichtige Eigenschaften haben: Wir wissen um sie (wir wissen, was wir tun) und wir wollen sie (wir wollen das, was wir tun).

Den ersten Aspekt nennt man die *kognitive* Dimension unserer Handlungen: Wir sind uns ihrer bewusst. Wir können über unser Tun und Lassen reflektieren. Wir wissen oder können wissen, was wir tun. Und uns sind Handlungsalternativen bekannt. Den zweiten Aspekt nennt man die *voluntative* Dimension unserer Handlungen: Wir *wollen* sie vollziehen. Wir streben danach, etwas zu tun und in die Wirklichkeit einzugreifen. Wir können aber etwas nur wollen, wenn weder Selbstzwang noch Fremdzwang vorliegen und es Handlungsoptionen gibt. Wir vollziehen unsere Handlungen dann in (relativer) Freiheit. Nur wenn die beiden genannten Dimensionen vorliegen, sind wir in der Lage, Verantwortung zu übernehmen. Verantwortung tragen heisst demnach, zurechnungsfähig zu sein und zur Rechenschaft gezogen werden können. Natürlich sind wir nicht immer im vollen Sinne zurechnungsfähig. Zwischen der Kindheit und dem hohen Alter gibt es Stufen der Zurechnungsfähigkeit. Und es gibt Situationen, in denen wir nur bedingt über sie verfügen. Aber ohne die *grundsätzliche* Unterstellung von Freiheit, Zurechnungsfähigkeit und Verantwortung löst sich die Moral auf.

Es gilt zusätzlich zu unterscheiden zwischen aktiven und sogenannten passiven Handlungen. «Aktive» Handlungen sind jene Handlungen, die wir tatsächlich ausführen. Sie bilden den Bereich unseres *Tuns*. Aber wir sind auch verantwortlich für unsere «passiven» Handlungen. Sie sind jene Handlungen, die aus *Unterlassungen* und *Geschehenlassen* bestehen. Auch für diese Handlungen tragen wir Verantwortung, vorausgesetzt, wir haben die Pflicht, etwas zu tun oder zu lassen. In Medizin und Pflege ist die Unterscheidung von Tun und Unterlassen von besonderer Bedeutung. Das Unterlassen von lebenserhaltenden Massnahmen ebenso wie der Therapieabbruch bei Sterbenden werden oft nicht als aktives Tun qualifiziert, sondern als Unterlassen oder Geschehenlassen betrachtet. Damit wird die Vorstellung verbunden, dass solche Unterlassungen weniger schwer wiegend sind als aktive Handlungen, also als ein *Tun*. Deshalb wird die aktive Sterbehilfe in vielen Ländern verboten, weil sie als Tötung qualifiziert wird. Allerdings kann das Unterlassen von erforderlichen Hilfeleistungen, beispielsweise im Falle eines Menschen in Not, dem geholfen werden kann, als «fahrlässige Tötung» gewertet werden.

Ob der Bereich der Unterlassungen die gleiche Wichtigkeit besitzt wie der Bereich unseres Tuns (= Äquivalenzthese) oder ob es doch wichtige Unterschiede zwischen beiden gibt (= Signifikanzthese), ist in der Ethik ausserordentlich umstritten. Die Signifikanzthese kommt unseren Intuitionen entgegen, dass wir für unser Tun eine grössere Verantwortung tragen als für unsere Unterlassungen. Dies hängt aber davon ab, wie schwer die Unterlassung moralisch wiegt.

Für unsere Handlungen tragen wir Verantwortung, wenn wir wissen, was wir tun, und wenn wir wollen, was wir tun. Verantwortung ist mit unseren kognitiven und voluntativen Fähigkeiten unmittelbar verbunden. Wir sind frei, wenn wir nicht gezwungen werden und es Handlungsoptionen gibt. Unsere Verantwortung erstreckt sich aber nicht nur auf unser Tun, auf unsere aktiven Handlungen, sondern auch auf Unterlassungen oder Handlungen, die wir geschehen lassen, auf unsere passiven Handlungen.

6. Orientierungen und Begründungen

Was Ethik im Einzelnen beinhaltet, ist keineswegs leicht zu beantworten. Die Begriffe und Kategorien, die verwendet werden, sind nicht überall gleich. Über ihre Aufgabe und über ihre Grenzen gehen die Meinungen auseinander. Es gibt ein Panorama an Theorien und die Wahl einer solchen Theorie bleibt nicht ohne Folgen, nicht ohne *moralische* Folgen. Ethische Theorien sind nicht neutral. Sie greifen in die Vollzüge unseres Lebens ein und manchmal befassen sie sich mit der Grenze zwischen Leben und Tod. Dies ist in der Medizinethik oft der Fall. In einer modernen Gesellschaft tauchen solche existenziellen Sachverhalte, deren Beantwortung weder von einer Tradition noch von unseren Intuitionen gedeckt ist, regelmässig auf. Unsere Praxis wäre tendenziell *orientierungslos,* wenn wir uns nicht auf die Gültigkeit und auf die Tragweite unserer Argumente besinnen würden. Es gilt einen eigenen Standpunkt zu gewinnen und diesen Standpunkt argumentativ auszuweisen. Im Zentrum der Ethik stehen demnach Vorschläge, wie wir unsere Praxis *begründen* können.

> Die Ethik stellt gehaltvolle Orientierungen bereit und stattet uns mit Begründungen für unsere Praxis aus – für unsere moralischen Praktiken.

7. Moral und Religion

Die Unterscheidung von Moral und Religion ist von zentraler Bedeutung. Herkömmlicherweise haben Religionen Menschen mit moralischen Vorschriften und Wegweisungen ausgestattet. Die Auffassung, dass Moral ohne Religion kaum oder in einem nur schwachen Sinne möglich sei, war früher weit verbreitet. Und in etlichen Teilen der Welt ist diese Meinung immer noch lebendig. Sie ist aber falsch. Alle Religionen verfügen über durchaus substanzielle Moralvorstellungen, aber sie sind deshalb *im Ganzen* noch lange keine Moral. Vielerlei moralische Vorstellungen sind ihrerseits ohne Religion entstanden und können ohne sie begründet werden. Moral kommt ohne Religion aus. Grosse Bereiche der antiken Ethik und nahezu alle modernen Moralvorstellungen sind ihrem Kern nach nicht religiös. In

Religionen artikulieren Menschen Antworten auf die Frage nach dem Sinn und der Bedeutung des Lebens – in Glaubensvorstellungen und in Riten. Die Einrichtung des Lebens mittels moralischer Kategorien gehörte auch dazu, aber im Laufe der Modernisierung haben wir gelernt, moralische Fragen von religiösen Angelegenheiten zu trennen. Darüber hinaus könnten wir in einer religionspluralen Gesellschaft nicht zusammenleben, würde uns diese Fähigkeit der Unterscheidung fehlen, der Unterscheidung zwischen Moral und Religion. Die Ethik ist gegenüber Religion autonom. Moral ist ein selbständiger Bereich unseres Lebens, obzwar er für viele Menschen in ihrer Religion oder Weltanschauung eingebettet ist. Anderenfalls wären Menschen, die sich selber als nicht religiös bezeichnen, moralunfähig. Diese Folgerung ist aber empirisch völlig unhaltbar.

Die Autonomie der Ethik angesichts religiöser Weltanschauungen ist in einer Gesellschaft, in der Menschen mit verschiedenen Religionen und auch ohne Religion leben, ein hohes Gut. Alle Religionen verfügen über Moralvorstellungen, aber Moral und Ethik sind nicht auf Religion angewiesen.

8. Genese und Geltung, Herkunft und Begründung

Wir müssen sorgsam zwischen der Herkunft und der Gültigkeit, zwischen der *Genese* und der *Geltung* moralischer Vorstellungen unterscheiden. Die Herkunft – die Genese oder die Geschichte – unserer moralischen Auffassungen und Praktiken trägt dazu bei, dass wir diese verstehen können, und oft haben wir keinen Grund, an ihrer Richtigkeit zu zweifeln. Aber die Herkunft ist noch längst keine Garantie oder ein Kriterium für ihre Richtigkeit. Normen, die aufgrund ihrer Tradition bestens beglaubigt sind, können heute trotzdem als unangemessen und revisionsbedürftig eingeschätzt werden. Viele moralische Auffassungen, die in der Vergangenheit unumstritten waren, empfinden wir heute gar als verfehlt und deshalb zu Recht überholt. Ihre Geltung wird nicht länger akzeptiert. Sie ist aufgehoben worden. Die Genese einer Norm kann ihre kritische Begründung und infolgedessen auch ihre Geltung nicht ersetzen. Moralische Normen sind dann gültig, wenn wir sie vor dem Forum unserer Vernunft begründen können. Und

Begründungen sind eine öffentliche Angelegenheit: Sie müssen nachvollziehbar sein für – tendenziell – alle Beteiligten und Betroffenen. Die rationale Nachvollziehbarkeit oder Begründung moralischer Normen ist ein wichtiges Ideal und ein hohes Gut. Wenn wir an diesem Ideal nicht festhalten, laufen wir Gefahr, dass unsere moralischen Dispute unlösbar werden. Die Person, mit deren Auffassungen wir keine Übereinstimmung feststellen, wird dann schnell zum moralischen Feind. Grundsätzlich sollten wir das vermeiden. Das Ideal einer *öffentlichen* Begründung moralischer Normen – das Ideal eines öffentlichen Vernunftgebrauchs – steht seit Immanuel Kant im Zentrum der modernen Ethik.

Die Geltung moralischer Normen hängt nicht von ihrer Herkunft ab. Häufig hilft uns die Herkunft einer Norm, sie zu verstehen. Aber deshalb steht ihre Geltung noch nicht fest. Diese ist mit dem Ideal einer rationalen, öffentlichen Begründung verbunden.

9. Moral und der Ernst des Lebens

Begriffliche Unterscheidungen sind ein wichtiges Hilfsmittel, um eine Diskussion überhaupt führen zu können und um Missverständnisse zu vermeiden. Ohne begriffliche Klarheit blockieren wir das Gespräch über moralische Sachverhalte, erst recht verhindern wir dann ein Gespräch über strittige und komplexe Entscheidungen. In erster Instanz ist es wichtig, die *Moral* als Gegenstandsbereich der Ethik nicht mit verwandten, aber dennoch verschiedenen Regulierungen unseres Handelns zu verwechseln. Wir dürfen sie nicht identifizieren mit blossen Gewohnheiten, mit Konventionen und Sitten. Zwar haben diese Gebiete, wie es beispielsweise die Höflichkeit als ein Gebilde konventioneller Umgangsformen zeigt, durchaus eine moralische Qualität. Aber Moral ist mehr als eine Konvention. Sie fusst zwar auf der Höflichkeit, aber sie geht weit über Höflichkeiten hinaus. Auch ein überliefertes Ethos, wie das in dem hippokratischen Eid zusammengefasste ärztliche Ethos, hat eine wichtige orientierende Funktion. Aber neuartige Handlungskonflikte lassen sich kaum im Rahmen eines traditionellen Ethos thematisieren. *Begründungen* für die einzelnen Normen medizinischen Handelns kann es ebenso wenig ersetzen. In der Moral werden wir mit den *ernsten* Angelegenheiten unseres Lebens konfrontiert. In ihr geht es letztlich um die Frage, wie wir leben *wollen, können* und *sollen*. Und wir beanspruchen, eine Antwort zu geben, die *richtig* ist, sodass wir *gut* handeln.

Die Moral ist das Terrain ernster Fragen. Der Anspruch richtigen und guten Lebens geht über den Bereich von Konventionen und Sitten weit hinaus. Begründungen von Handlungsregulierungen angesichts neuartiger moralischer Entscheidungskonflikte lassen sich im Rahmen eines traditionellen Ethos nur begrenzt thematisieren.

10. Teilgebiete der Ethik

In der Ethik sind zahlreiche begriffliche Markierungen und Abgrenzungen von grosser Bedeutung. Wer sie nicht kennt, wird sich in ethischen Diskussionen hoffnungslos verirren oder Streit säen, wo man doch Übereinstimmung ernten möchte. In der akademischen Disziplin der Ethik stossen wir auf folgende vier Teilgebiete: die Metaethik, die deskriptive Ethik, die normative Ethik und die angewandte Ethik oder Bereichsethik. In der *Metaethik* werden Begriffe analysiert, wird der wissenschaftliche Status moralischer Urteile geprüft und die logische Eigenart ethischer Argumente untersucht. In der *deskriptiven Ethik* werden moralische Handlungen und kulturelle Praktiken beschrieben oder moralische Sachverhalte dargelegt. In der *normativen Ethik* versuchen wir moralische Normen zu begründen, also mit den Mitteln der Vernunft zu vorschreibenden oder präskriptiven Handlungsanweisungen zu gelangen. Dabei sind im Laufe der Zeit verschiedene, teils konkurrierende und sich gegenseitig ausschliessende Theorien entstanden. In der *angewandten Ethik* oder Bereichsethik wenden wir uns mit den in der normativen Ethik gewonnenen Kriterien einem besonderen Handlungsbereich zu, in unserem Falle der Medizinethik. Wir konzentrieren uns in diesem Buch hauptsächlich auf die normative und auf die angewandte Ethik.

Die Metaethik prüft Begriffe, untersucht die Logik ethischer Argumente und befasst sich mit dem wissenschaftlichen Status ethischer Sätze. In der deskriptiven Ethik werden moralische Praktiken beschrieben. In der normativen Ethik wollen wir gültige präskriptive Handlungsanweisungen mittels Normen formulieren. In der angewandten Ethik müssen die Urteile in praktischen Handlungskontexten inhaltlich präzisiert werden.

11. Entscheidung und Urteilskraft

Die Ethik in ihrer normativen oder präskriptiven Variante will uns zu begründeten Urteilen führen, die in der angewandten oder bereichsethischen Variante inhaltlich und fallbezogen konkretisiert werden. Am Ende sollten wir in neuartigen Kontexten und in Konfliktsituationen zu Entscheidungen befähigt werden, die allen an der Diskussion beteiligten Personen als *plausibel* und *angemessen* erscheinen. Allerdings sollten wir uns vor Überforderungen hüten, zumal zahlreiche Entscheidungen unter Zeitdruck zustande kommen müssen. Das Adjektiv «angewandt» suggeriert nämlich fälschlicherweise, dass wir aus allgemeinen Urteilen, Prinzipen oder Grundsätzen konkrete Handlungsanweisungen und Entscheidungen gleichsam *deduzieren* oder ableiten könnten. Ein solches «Top-down»-Modell funktioniert selten oder nie. Aus der «Menschenwürde» lässt sich beispielsweise nicht mittels einer einfachen logischen Deduktion ableiten, welche Handlungskonsequenzen aus ihr zu ziehen wären. Die konkreten Umstände und Kontexte lassen sich oft nicht vorhersehen. Und die Bedeutung und Reichweite der Menschenwürde sind oft nicht evident und ergeben sich nicht von selbst. In aller Regel müssen die allgemeinen normativen Urteile mit den konkreten Anforderungen einer Entscheidungssituation *vermittelt* werden. Dies ist keine Einbahnstrasse. Im Sinne des grossen US-amerikanischen Philosophen John Rawls kann man hier besser von einem «Überlegungsgleichgewicht» (reflective equilibrium) sprechen: Allgemeine Normen, Grundsätze oder Prinzipien einerseits und unsere wohlerwogenen, teils intuitiven Einzelurteile angesichts moralischer Sachverhalte oder Konflikte andererseits müssen in ein *argumentatives Gleichgewicht* gebracht werden. Dies ist eine

Frage moralischer Urteilskraft, des Vermögens, abzuwägen und in *begründeter* Weise entscheiden zu können.

Urteil bzw. Entscheidung ist eine zentrale Zielsetzung der Ethik. Wir müssen einen normativen Standpunkt im ethischen Gespräch argumentativ einnehmen können und unsere Einzelfallentscheidungen mittels überzeugender Begründungen darlegen können. Einfache Deduktionen oder Ableitungen von Entscheidungen aus allgemeinen Handlungsanweisungen sind allerdings selten möglich. Prinzipien ersetzen unsere moralische Urteilskraft nicht.

12. Geboten, verboten und erlaubt. Das Gute als das Richtige

In der *normativen* Ethik sind wir auf der Suche nach Massstäben moralischen Urteilens, nach Bewertungen unserer Handlungen und nach Handlungsvorschriften oder Handlungsanweisungen. Die normative Ethik schreibt bestimmte Handlungen vor, weil sie *richtig* sind. An der Basis einer solchen Ethik befindet sich ein kleines Repertoire von Grundbegriffen, die in allen ethischen Debatten und Gesprächen vorausgesetzt werden müssen. Dazu gehört in erster Instanz das Dreieck «moralisch geboten», «moralisch verboten» und «moralisch erlaubt». Moralisch *gebotene* Handlungen sind richtige und gute Handlungen, zu denen wir verpflichtet sind. Wir erwarten von anderen, dass sie diese Handlungen vollziehen, und sind auch selber dazu angehalten, sie zu tätigen. Moralisch *verbotene* Handlungen sind falsche oder schlechte bzw. böse Handlungen: Wir erwarten von anderen, dass sie diese Handlungen unterlassen, und sind selber zu ebensolchen Unterlassungen verpflichtet. Moralisch *erlaubte* Handlungen sind weder geboten noch verboten. Sie sind eben zulässig und deshalb gut, obzwar «gut» in einem schwächeren Sinne als gebotene Handlungen.

In diesem Fall kann man noch einmal unterscheiden zwischen zwei Typen: Es gibt Handlungen, die neutral, vertretbar oder akzeptabel sind, aber deren Vollzug weder von jemandem verlangt werden kann noch verboten ist. Und es gibt *aussergewöhnlich* moralische Handlungen, die weit über das Gebotene hinausgehen. Im ersteren Fall sind die Handlungen moralisch indifferent, im zweiten Fall sind sie, wie man es fachlich ausdrückt, *supererogatorisch.* Wir nennen solche Handlungen *gut,* die geboten sind oder aussergewöhnlich sind bzw. über das Gebotene positiv hinausgehen. In diesem Zusammenhang lassen wir andere Verwendungsweisen des Prädikats «gut» beiseite. Man kann auch die Absichten oder den Charakter einer Person als «gut» bezeichnen. Mit diesem inneren Aspekt moralischen Handelns befassen wir uns hier jedoch nicht. Das Prädikat «gut» fassen wir hier als eine Qualifikation *richtiger* Handlungen auf. Und auch wenn wir in einer bestimmten Situation zwischen zwei Handlungsvarianten wählen müssen, die *beide* problematisch sind, bleibt die dann mit rationalen Gründen gewählte Handlung noch immer gut. «Gut» bedeutet in einem solchen Fall «bestmöglich». Sie ist gut, weil es keine bessere Handlungsoption gibt.

Handlungen sind moralisch geboten, verboten oder erlaubt. Das Prädikat «gut» bezieht sich auf gebotene Handlungen, auf erlaubte Handlungen oder auf solche Handlungen, die über das Gebotene im positiven Sinne hinausgehen. Gut sind Handlungen, die wir als moralisch richtig qualifizieren.

13. Prinzipien und Topoi

Zu dem genannten Repertoire an Grundbegriffen gehören auch die folgenden Kategorien: Prinzipien, Normen, Werte und Rechte. *Prinzipien* sind grundlegende Richtschnüre oder fundamentale normative Gesichtspunkte, die in aller Regel in eine kurze Satzform gegossen sind. In bestimmten Konzeptionen geht man nun davon aus, dass eine Ethik letztlich aus *einem* Prinzip abgeleitet werden kann. Diese Konzeptionen heissen deshalb *monistisch.* Am bekanntesten sind das Kantische Prinzip des Kategorischen Imperativs in seiner Menschenwürde-Fassung («Handle so, dass du die Menschheit, sowohl in deiner Person als in der Person eines jeden anderen, jederzeit zugleich als Zweck, niemals bloss als Mittel gebrauchst») und das utilitaristische Prinzip der allgemeinen Nutzenmaximierung («Maximiere das grösstmögliche Glück der grösstmöglichen Zahl der Menschen»). Im Grunde sollte man von normativen Prinzipien *im strengen Sinne* nur dann sprechen, wenn wir es mit solchen grundlegenden Axiomen oder Grundsätzen zu tun haben. Solche Prinzipien erheben den Anspruch, jeweils als fundamentale Richtschnur für Handlungsnormen und für situative Handlungsurteile gelten zu können. Sie zeigen gleichsam, wie man eine moralische Handlung grundsätzlich identifizieren kann.

Pluralistische Konzeptionen setzen mehrere Prinzipien voraus, wie beispielsweise das in der neueren Medizinethik ausserordentlich beliebte Modell von Tom L. Beauchamp und James F. Childress. Ihre vier Prinzipien lauten: Respekt vor der Autonomie (autonomy); die Pflicht, nicht zu schaden (non maleficence); die Pflicht, zu helfen (benificence) und das Gerechtigkeitsprinzip (justice). In diesem Fall muss die Rede von «Prinzipien» allerdings hinterfragt werden. Was Beauchamp und Childress tun, ist nämlich etwas ganz anderes als Kant und die Utilitaristen, wenn diese Philosophen fundamentale Prinzipien formulieren, aus denen alle anderen Normen und Urteile (idealiter) abgeleitet werden können. Die US-amerikanischen Medizinethiker richten ihr Augenmerk nämlich keineswegs auf solche Prinzipien mit hohem Formalitätsgrad, sondern auf «Topoi», also auf *Gemeinplätze* oder allgemein anerkannte leitende Gesichtspunkte. Diese Gesichtspunkte, die bei Beauchamp und Childress leichtfertig «principles» genannt werden, leuchten gewissermassen allen spontan ein, die sich mit medizin- und pflegeethischen, patientenbezogenen Sachverhalten befassen. Kaum jemand käme auf die Idee, die Relevanz dieser Gesichtspunkte zu leugnen, weshalb man sie Gemeinplätze nennt.

Im Grunde greifen die beiden Autoren also auf einen moralischen «Common Sense» zurück: Niemand wird ernsthaft behaupten, dass die Autonomie (oder die Anerkennung der Selbstbestimmung), die Pflicht zum Wohltun (oder zur Fürsorge), die Pflicht, Schaden zu vermeiden, und die Pflicht, Gerechtigkeit zu üben, nicht berücksichtigungswert seien. Wer dies leugnen würde, hätte weder den Standpunkt der Moral noch die spezifischen Verantwortlichkeiten seines medizinischen oder pflegerischen Berufs verstanden. Die vier Topoi *rekonstruieren* gleichsam, was wir nahezu selbstverständlich als *grundsätzliche moralische Rücksichten* bezeichnen würden. Damit ist aber noch längst nicht gesagt, was die vier «Topoi» genau bedeuten und welche Folgen sie haben.

Was diese vier Topoi oder Gemeinplätze ermöglichen, ist demnach eine Art «Prima-facie-Orientierung», eine «Orientierung auf den ersten Blick». Warum aber nennen wir sie eine «Orientierung auf den ersten Blick»? Weil sie uns eben keine *genauere* Auskunft erteilen über konkretere Handlungsregeln oder -normen. Die vier «Prinzipien» von Beauchamp und Childress, die wir im Folgenden «Topoi» oder «Gemeinplätze» nennen werden, sind als solche nämlich noch wenig aussagekräftig. Sie gelten eben «prima facie». Sie können in dem Sinne und insoweit in einer medizinethischen Urteilsfindung gegeneinander abgewogen werden, als sie wichtige Gesichtspunkte des Berücksichtigungspflichtigen formulieren. Sie sind weniger abstrakt als die normativen Prinzipien im strikten Sinne, aber sie sind immer noch abstrakter als konkrete Handlungsregeln. Deshalb werden sie oft auch «Prinzipien *mittlerer* Reichweite» genannt. Ihr Verhältnis zu einzelnen ethischen normativen Theorien ist gewissermassen prekär: Man kann diese Gemeinplätze nämlich ohne Weiteres anerkennen, ohne genauer sagen zu können, was sie *implizieren*. Um das zu können, brauchen wir eben normativ-ethische Theorien. Für einen eingefleischten Utilitaristen werden beispielsweise die konkrete Bestimmung der Autonomie und die Nennung ihrer normativen Handlungsfolgen erheblich anders ausfallen als für den Vertreter einer deontologischen Ethik. Dennoch werden sich *beide* zu der Autonomie-Formel bekennen. Aber auch die Fürsorgepflicht oder Pflicht zu helfen, die Pflicht zur Schadensvermeidung und zur Gerechtigkeit leiden in ihrer Fassung als «Topoi» unter einer gewissen Vagheit und Unbestimmtheit.

Genau aus diesem Grund sollte man zwischen Topoi oder Gemeinplätzen und normativen Prinzipien im strikten Sinne des Wortes unterscheiden. So ist auch das Vorsichtsprinzip (precautionary principle) im Grunde eine einfache Faustregel, eben ein Topos oder ein Gemeinplatz, der besagt, dass bei Unsicherheit über die Handlungsfolgen immer mit der Möglichkeit gerechnet werden müsse, dass sich die schlechteste Prognose bewahrheite. Aber warum sollen wir diese Faustregel benutzen? Der normative Grund, weshalb wir diese Regel anwenden sollten, kann sowohl aus dem medizinethischen Topos des Nicht-Schadens abgeleitet werden als auch aus den Menschenrechten. Leiten wir den normativen Grund aus dem «Nicht-Schaden-Topos» ab, liefert dieser Topos eine *erste* Orientierung: Du solltest bei

Unsicherheit der Handlungsfolgen mit der schlechtesten Prognose rechnen, *weil* du die Pflicht hast, dem anderen keinen Schaden zuzufügen.

Man kann nun aber noch einen Schritt weiter gehen und nach den Gründen für diese Pflicht fragen. Eine mögliche Antwort findet sich dann in den Menschenrechten, vor allem in dem Recht auf körperliche Unversehrtheit. Die Menschenrechte beruhen auf einer deontologischen Grundlage, die dem Menschenwürde-*Prinzip,* einem Prinzip im strikten Sinne, das wir bereits bei Kant kennen gelernt haben, entnommen ist. In letzterem Falle beziehen wir das Vorsichtsprinzip oder die Vorsichtsregel auf das normative Prinzip im strikten Sinne, auf die Menschenwürde. Und diese besagt, wie wir noch ausführlich sehen werden, dass Menschen fundamentale Rechte haben, die wir in unseren Praktiken zu schützen *verpflichtet* sind. Wir berufen uns auf fundamentale normative Gesichtspunkte bzw. auf moralische Prinzipien, wenn wir die Richtigkeit einer Handlung oder einer Handlungsregel aufzeigen wollen.

Wenn Beauchamp und Childress ihre vier «Gemeinplätze» aus unserem moralischen «Common Sense» ableiten, setzen sie gewissermassen voraus, dass wir bereits *grundsätzlich* wissen, was zu tun oder zu lassen ist. Sie rekonstruieren demnach in der Sprache der Ethik dasjenige, was in unseren Praktiken als gültiges Wissen bereits vorhanden ist. Aus diesem Grunde nennt man Ethiken, die so verfahren, auch «rekonstruktive» Ethiken. Ein anderes wichtiges Beispiel einer solchen Ethik, die im Übrigen auch medizinethisch relevant ist, findet man bei Bernhard Gert. In seinem Buch «Die moralischen Regeln» nennt Gert insgesamt zehn solcher Regeln, die sich in formaler Hinsicht an den Dekalog des Alten Testamentes anlehnen. Allerdings handelt es sich bei Gert nicht um Gemeinplätze, sondern um allgemein akzeptierte, einfache Handlungsanweisungen oder Normen. Sie lauten

1. Du sollst nicht töten.
2. Du sollst keine Schmerzen verursachen.
3. Du sollst nicht untauglich/unfähig machen.
4. Du sollst nicht Freiheit oder Chancen entziehen.
5. Du sollst nicht Lust entziehen.
6. Du sollst nicht täuschen.

7. Du sollst Deine Versprechen halten.
8. Du sollst nicht betrügen.
9. Du sollst dem Gesetz gehorchen.
10. Du sollst Deine Pflicht tun.

Das unter 9 genannte «Gesetz» entspricht dem jeweiligen Rechtssystem, in dem Menschen leben. Die unter 10 genannte «Pflicht» entspricht dem, was wir «Rollenpflichten» nennen – Pflichten, die wir freiwillig oder aufgrund einer wohl definierten Position übernommen haben, die wir beispielsweise beruflich bekleiden. Auch die ärztlichen Pflichten gehören dazu. Dieter Birnbacher hat zu Recht darauf hingewiesen, dass wir es sowohl bei Beauchamp/Childress als auch bei Gert lediglich mit einem kleinen Set von Prima-facie-Verpflichtungen zu tun haben, also mit dem harten Kern einer *minimalistischen* Moral. Und auch hier gilt, dass wir im Einzelnen noch längst nicht wissen, was die einzelnen Topoi oder «Regeln» (Gert) implizieren.

Prinzipien sind fundamentale moralische Richtschnüre, die unseren moralischen Urteilen zugrunde liegen. Sie stellen ein erstes, grundlegendes Kriterium dar, mit dem wir Handlungen moralisch identifizieren und beurteilen können. Sie müssen sorgsam unterschieden werden von Topoi oder Gemeinplätzen.

14. Normen

In unseren alltäglichen Handlungen orientieren wir uns normalerweise nicht an Prinzipien, sondern an Normen. Bei Bernhard Gert haben wir gerade solche Normen im Gewand von einfachen Handlungsanweisungen kennen gelernt. Während Prinzipien abstrakter Natur und in hohem Masse formal sind, lassen sich Normen als *Handlungsregeln* charakterisieren, die unsere Handlungen unmittelbar bestimmen. *Sie schreiben vor, wie wir zu handeln haben.* Sie sind also unmittelbar *präskriptiv.* Ausformulierte Normen enthalten aber ihrerseits keine Anweisungen für *individuelle* Handlungen, sondern für Handlungs*typen.* «In Situationen des Typus X muss auf Y-Weise gehandelt werden.» Kehren wir noch einmal zurück zu den «Prinzipien». Aus dem *Prinzip* der Menschenwürde können wir noch keine direkten und konkreten Handlungsanweisungen ableiten, sondern es hilft uns zunächst, den moralischen Charakter unserer Handlungen zu identifizieren und im Grundsatz zu beurteilen. Aber das Prinzip enthält noch keine *Normen* oder Handlungsregeln. Das Verbot, Menschen restlos zu instrumentalisieren, welches häufig als Kern der Kantischen Formel betrachtet wird, muss demnach erst auf wiederkehrende Handlungssituationen in einem bestimmten Bereich angewandt werden. Aus der Menschenwürde-Formel lassen sich beispielsweise im Hinblick auf den gebotenen Umgang mit Kindern verschiedene Normen ableiten, abhängig vom jeweiligen Handlungsbereich – dem familiären, dem schulischen oder dem medizinischen Bereich. Normen regeln also einen Handlungsbereich bzw. die *typischen,* moralisch relevanten Situationen, die zu diesem jeweiligen Bereich gehören.

Es muss aber darüber hinaus deutlich gemacht werden, wer als Handelnder von einer Norm angesprochen wird: Wer ist der «Moral Agent» oder der Normadressat. Und es müssen die «Empfänger» der Norm – die «Moral Patients» – bekannt sein. Normen können auch als Verhaltenserwartungen beschrieben werden, die in allgemeiner Form einen Handlungsbereich normativ bestimmen. Nicht selten werden Normen in einem Berufsethos formuliert, das beispielsweise ärztlich angemessenes Handeln regelt. Aber auch Normen müssen ihrerseits in konkrete Handlungssituationen eingepasst werden und verlangen nach Konkretisierung.

Im Vergleich zum formalen Charakter von Prinzipien lassen sich Normen als allgemeine Handlungsvorschriften kennzeichnen, die Handlungstypen, also Handlungen in wiederkehrenden Situationen eines bestimmten Handlungsbereichs, regeln.

15. Werte

Die in unserem heutigen Sprachgebrauch so populären «Werte» gehören erst seit knapp zwei Jahrhunderten zu der Begrifflichkeit der Ethik. Das Wort stammt aus der Ökonomie und bis heute ist seine Funktion in ethischen Angelegenheiten umstritten. Werte wie «Gerechtigkeit», «Freiheit» oder «Solidarität» sind – ebenso wie Prinzipien – in einem hohen Masse abstrakt. Aber im Vergleich zu diesen wird in ihnen eine bedeutsame moralische Substanz zum Ausdruck gebracht. Diese Substanz wird aber noch nicht genauer bestimmt. Deshalb kann man sich leicht über Werte im Allgemeinen verständigen, allerdings schwer über ihre Konsequenzen und über die Normen, die aus ihnen abzuleiten wären. Oft wird deshalb vor einem allzu leichtsinnigen Gebrauch der Werte-Sprache gewarnt: Sie suggeriert Einverständnis zwischen Personen, lässt aber völlig im Unklaren, welche Normen aus ihnen folgen. Das Einverständnis über einen Wert (wie die Gerechtigkeit) endet nicht selten in einem Missklang hinsichtlich seiner normativen Konsequenzen. Liberale und Sozialisten werden sich beide für die Gerechtigkeit begeistern können. Sie werden aber sehr unterschiedliche, teils sogar inkompatible Vorstellungen über eine gerechte Gesellschaft hegen.

Darüber hinaus kann die Bevorzugung *eines* Wertes gefährliche Effekte haben: Wer *nur* auf Gerechtigkeit aus ist, wird die Freiheit leicht vergessen. Deutlich ist jedenfalls, dass Werte den Ausdruck unserer moralischen *Wertungen* oder unserer normativen *Schätzungen* darstellen. In ihnen sprechen wir uns über das aus, was wir in moralischer Hinsicht bedeutsam und schätzenswert finden. Werte statten unsere Welt mit einer moralischen Signifikanz aus, innerhalb deren wir leben und handeln möchten. Sie lassen eine Atmosphäre moralischer Bedeutsamkeit entstehen, in der wir artikulieren, was uns wichtig ist. Sie machen die Welt unserer Handlungen in moralischer Hinsicht *attraktiv.* Aber wie gesagt – ihre normativen Konsequenzen sind häufig unklar. Aus diesem Grund kann man im Hinblick auf die soeben thematisieren Normen hinzufügen, dass letztere die Spielräume unserer Handlungen einschränkten. Werte sind attraktiv, Normen sind restriktiv.

Werte sind der Ausdruck unserer substanziellen Schätzungen. Sie artikulieren – auf einem abstrakten Niveau – die moralische Bedeutung, die wir der Welt verleihen, in der wir handeln. Werte machen die Welt unserer Handlungen attraktiv. Normen dagegen sind im Vergleich restriktiv.

16. Rechte und Pflichten

Eine der wichtigsten Kategorien der Ethik ist der Begriff des Rechts bzw. der Rechte. In unserem Falle richten wir uns aber nicht primär auf das Recht als Rechtsordnung (law), sondern auf die Rechte (rights), die Personen besitzen. Man kann in diesem Sinne ein Recht als einen *qualifizierten Anspruch* bezeichnen, den eine Person gegenüber einer anderen Person oder mehreren anderen hat. Dieses Recht wird geschützt oder eingefordert durch Gesetze und/oder Normen. Den Rechten stehen korrespondierende Pflichten gegenüber, wobei diese Korrespondenz nicht zur Folge hat, dass nur *die* Person Rechte hat, die auch Pflichten hat. Das Verhältnis von Rechten und Pflichten ist eben *nicht* symmetrisch. Menschen können fundamentale Rechte haben – wie beispielsweise die Menschenrechte –, ohne dass sie *zu jeder Zeit* fähig wären, Verpflichtungen gegenüber Dritten einzugehen. Kinder oder demente ältere Menschen haben selbstverständlich Rechte, obwohl sie noch nicht (im Falle der Kinder) oder nicht mehr (im Falle Dementierender oder Nichtzurechnungsfähiger) auf entsprechende Pflichten angesprochen werden können.

Insgesamt kann man vier Arten von Rechten unterscheiden: Anspruchsrechte («claim rights»), Freiheitsrechte (die Freiheit, Dinge zu tun), Machtbefugnisse und Immunitätsrechte. Der Prototyp des Rechts ist jedoch das *Anspruchsrecht.* Häufig werden Rechte *defensiv* formuliert (Defensivrechte): So beruht die «Patientenautonomie» auf dem Recht auf körperliche Integrität bzw. auf dem *Anspruch,* dass Dritte *nicht* ohne Zustimmung des Betroffenen Handlungen an dessen Körper vollziehen. Der Ausdruck «Defensivrecht» hat mit der Unterscheidung negativer von positiven Rechten zu tun: Das Recht, dass etwas *nicht* mit einem getan wird bzw. das Recht, verschont zu bleiben von den Eingriffen und Handlungen Dritter, gilt in der Regel als stärker als das Recht, dass etwas zugunsten der eigenen Person getan wird. Aber sowohl die negativen als auch die positiven Rechte sind beide Anspruchsrechte. Der defensive Charakter vieler (moderner) Rechte darf nicht zu der Schlussfolgerung führen, dieser Abwehrcharakter hätte zu einem mangelnden Bewusstsein hinsichtlich der Verpflichtungen geführt, die wir anderen gegenüber haben, oder zu einer Unterschätzung von deren Anspruchsrechten. Wir haben die *Pflicht,* bestimmte Handlungen nicht zu tun oder zu unterlassen, aber selbstverständlich auch die *Pflicht,* bestimmte Anspruchsrechte anderer positiv zu erfüllen.

Ein Recht ist der qualifizierte Anspruch einer Person gegenüber Dritten, der durch Gesetze oder Normen geschützt ist.

17. Fünf Typen normativ-ethischer Theorien (a–e)

Wie wir wissen können, welche Handlungen unter den drei Kategorien des Erlaubten, des Gebotenen und Verbotenen fallen, ist immer noch nicht beantwortet worden. In der normativen Ethik werden deshalb Theorien entwickelt, die Handlungen moralisch qualifizieren. Im Wesentlichen existieren fünf Theorientypen, die wir im Folgenden näher ausführen: *Konsequentialistische* Theorien knüpfen die Richtigkeit unserer Handlungen ausschliesslich an deren Folgen im Hinblick auf ein zu optimierendes oder zu maximalisierendes Gut. *Deontologische* Ethiken behaupten, dass es zumindest einige Handlungen gibt, die «in sich», also unabhängig von ihren Folgen, und also aufgrund ihrer inneren Richtigkeit oder Falschheit, geboten oder verboten sind. *Teleologische* Theorien knüpfen die Richtigkeit unserer Handlungen an bestimmte (natürliche) Ziele oder Zwecke (griechisch: telos), die wir in diesen Handlungen realisieren. *Tugendethiken* richten das Augenmerk auf die Haltungen, auf die charakterlichen Dispositionen Handelnder. *Kontextualistische* Ethiken vertreten die Ansicht, dass die Richtigkeit unserer Handlungen im Wesentlichen von den Handlungsumständen oder von den kulturellen Umgebungen abhängt, in denen sie stattfinden.

Es ist nicht immer leicht, diese fünf Typen genau zu unterscheiden, und in der ethischen Diskussion scheint es schwer zu sein, Einigkeit zu erzielen. Der wichtigste Streitpunkt bezieht sich auf die Typen zwei und drei, also auf die konsequentialistischen Theorien und auf die deontologischen Theorien.

In der gegenwärtigen normativen Ethik sind fünf Theorietypen weit verbreitet: konsequentialistische, deontologische, teleologische, tugendethische und kontextualistische Theorien.

18. Konsequentialismus (a)

Die normative Ethik gibt, wie gesagt, Auskunft darüber, welches das Kriterium für eine *richtige* Handlung ist. Sie begründet, was eine moralisch gebotene, erlaubte und falsche Handlung ausmacht. Prima-facie-Regeln (Gert) oder Topoi (Beauchamp/Childress) können die normative Ethik nicht ersetzen, da ihre Interpretation oft strittig ist und die Handlung oder der Handlungstyp, der aus ihnen folgt, keineswegs naheliegend ist.

Am meisten verbreitet in der modernen Ethik ist der normativ-ethische *Konsequentialismus.* Dieser Theorie zufolge hängt die moralische Richtigkeit oder Falschheit einer Handlung *nur* davon ab, ob sie, verglichen mit den Konsequenzen einer Handlungsalternative, bessere bzw. schlechtere Konsequenzen hat. Der Vergleich richtet sich beispielsweise im klassischen Utilitarismus, der bekanntesten konsequentialistischen Ethik, auf das Gute für alle bzw. auf den unparteiischen Gesamtnutzen, unabhängig von den einzelnen Personen. Wichtig ist die Hervorhebung «nur» im vorletzten Satz: Auch andere normativ-ethische Theorien berücksichtigen die Konsequenzen oder Folgen einer Handlung, aber der Konsequentialismus berücksichtigt *lediglich* die Folgen einer Handlung. Es gilt also, die guten Folgen zu vermehren und die schlechten zu vermeiden. Das heisst: Handlungen sind richtig, wenn ihre Folgen das Gute maximieren. Die *besten* Folgen – verglichen mit einer Handlungsalternative – sind demnach zu wählen. Das Gute sollte, gemessen an den zu erwartenden Folgen einer Handlung, maximiert werden. Die alles entscheidende Frage lautet nun: Woran erkennen wir gute Folgen bzw. was *ist* das Gute, das da maximiert werden soll?

Auf diese Fragen geben Konsequentialisten unterschiedliche Antworten. Diese hängen von der jeweiligen Theorie des Guten ab, weshalb der Konsequentialismus oft charakterisiert wird als eine Theorie, die dem Guten Vorrang vor dem Rechten verleiht. Das (jeweils) Gute muss als die Richtschnur zur Bewertung der Folgen betrachtet werden. Wenn wir das Gute beispielsweise als Abwesenheit von Schmerz und als Freude oder Lust definieren, werden wir Handlungskonsequenzen realisieren wollen, die Freude und Lust maximalisieren. In diesem Falle ist der Konsequentialismus durchaus auch *teleologisch,* denn Freude und Lust werden als ein natürliches und gehaltvolles, als ein zu erstrebendes Ziel des Menschen aufgefasst. Freude und Lust sind aber als solche noch keine moralischen Güter. Sie zu maximieren bedeutet demnach ein nichtmoralisches Gut zu maximieren. Wenn wir das Gute dagegen als Respekt vor Interessen und als deren Befriedigung auffassen, werden wir in unseren Handlungen all jene Wesen berücksichtigen und deren Interessenerfüllung maximieren, die solche Interessen haben oder haben können.

Im normativ-ethischen Konsequentialismus wird häufig noch einmal unterschieden zwischen einem Handlungs- und einem Regelkonsequentialismus: Im ersten Fall müssen wir jede *einzelne* Handlung, die wir verrichten, an ihren Konsequenzen messen. Das käme aber einer völligen Überforderung gleich. Deswegen richtet sich die Aufmerksamkeit auf den Regelkonsequentialismus: Wir orientieren uns in diesem Falle an einer *allgemeinen* Handlungsregel oder Handlungsnorm, welche herkömmlicherweise die besten Konsequenzen tätigt.

Moralische Handlungen beruhen also in dieser Perspektive ausschliesslich auf den Folgen und Konsequenzen, die sie in Bezug auf die Maximierung eines nicht moralischen Gutes haben. Als bekanntestes Beispiel für eine konsequentialistische Ethik kann, wie bereits gesagt, der klassische Utilitarismus genannt werden. Ihm zufolge ist eine Handlung richtig, wenn sie gute bzw. *nützliche* Folgen hat. Nützlichkeit wird dabei vor allem als gesamtgesellschaftlicher Nutzen verstanden, wobei der Nutzen seinerseits oft hedonistisch gedeutet wird – als Lust, Wohlbefinden oder Wohlfahrt. Andere Varianten sind der Glücksutilitarismus, der Handlungsfolgen danach bewertet, ob sie das Glück von Personen nachhaltig optimieren; der Präferenzutilitarismus, der Handlungsfolgen danach bewertet, ob sie die Präferenzen oder Vorlieben von Personen maximalisieren.

Dem Konsequentialismus zufolge hängt die Richtigkeit einer Handlung *nur* von deren Folgen ab. Die Folgen einer Handlung werden gemessen an der Maximalisierung des vorausgesetzten Guts.

19. Einwände

Gegen den Konsequentialismus gibt es gewichtige Einwände. Die wichtigsten lauten: 1) Menschen werden überfordert, wenn sie immer die *besten* Folgen wählen müssen. Denn oft können wir die Folgen nur ahnen. Nimmer können wir sie voraussagen oder mittels eines Kalküls in ihrer Gesamtheit berechnen. Der Konsequentialismus überfordert uns. 2) Wir können den Nutzen, den die verschiedenen Betroffenen aus einer Handlung ziehen, nicht miteinander vergleichen. Uns fehlt das Mass. 3) Wer nur auf die Nutzenmaximierung schaut, erlaubt zu viel: Es gibt Handlungen, die immer verboten sind oder «in sich schlecht» sind, unabhängig von den Konsequenzen, die sie für die Gesamtheit haben. Folter oder die Tötung unschuldiger sind moralisch immer untersagt. 4) Freude, Lust und andere Präferenzen können im Einzelfall unmoralisch sein. Wir müssen sie *erst* moralisch qualifizieren, bevor wir wissen, was wir da genau maximieren dürfen. Eine nichtmoralische Theorie des Guten ist letztlich unbrauchbar. 5) Weil der Konsequentialismus den unparteiischen Gesamtnutzen vor Augen hat, kann er keine *speziellen* Rechte und Pflichten begründen. Die Verantwortung von Eltern gegenüber den eigenen Kindern reicht nicht weiter als ihre Verantwortung gegenüber allen Kindern. 6) Unumstössliche moralische Rechte, die Personen haben, wie etwa die Menschenrechte, können konsequentialistisch nicht begründet werden, da die Gesamtbilanz der Folgen die Rechte von Einzelnen immer wieder relativieren kann. 7) Wenn wir für den Gesamtnutzen der Folgen unserer Handlungen die Verantwortung tragen, wiegen unsere Unterlassungen ebenso schwer wie unsere Handlungen. Unsere Unterlassungen nämlich verringern den anzustrebenden Gesamtnutzen. Die Unterscheidung zwischen aktiver und passiver Sterbehilfe etwa müsste solchermassen entfallen. Dies ist aber kontraintuitiv.

Diese Schwächen sind unübersehbar und bilden zusammengenommen die Achillesferse des Konsequentialismus. Niemand würde in Abrede stellen, dass eine Folgenberücksichtigung und eine Folgenbewertung unserer Handlungen immer wieder erforderlich sind. Aber die *ausschliessliche* Ausrichtung an den Folgen führt offensichtlich in eine moralische Sackgasse. Man sollte allerdings die Anziehungskraft eines popularisierten Konsequentialismus nicht unterschätzen. Lust zu maximieren und Leiden immer zu minimieren, also eine hedonistische Sichtweise auf das Gute, ist weitverbreitet.

Die Einwände gegen den Konsequentialismus wiegen schwer. Im Einzelnen droht er moralische Grundüberzeugungen und berechtigte Intuitionen zu erschüttern. Die einseitige Folgeberücksichtigung schwächt das Fundament grundlegender Rechte, die Menschen besitzen. Der Zweck – die Folgenoptimierung – droht die Mittel zu heiligen.

20. Deontologische Ethik (b)

Einflussreich ist die deontologische Ethik, die sich auf die Beurteilung von Handlungstypen richtet und dabei nicht *ausschliesslich* – wie im Falle der konsequentialistischen Ethik – auf die Handlungsfolgen achtet. Herkömmlich wird diese Ethik deshalb folgendermassen beschrieben: Moralische Handlungen können *in sich* («intrinsisch») – d.h. unabhängig von ihren Folgen – gut oder böse sein, also aufgrund ihrer *inneren* Richtigkeit und Falschheit. Richtig sind Handlungen demzufolge dann, wenn sie bestimmten Regeln gehorchen, unabhängig von deren Konsequenzen. Handlungsfolgen können erst in zweiter Hinsicht berücksichtigt werden, also etwa dann, wenn es um die Regelanwendung oder um Normkonflikte geht. Die *primäre* Beurteilung einer Handlung oder eines Handlungstyps geschieht jedenfalls *nicht,* indem man die Handlungsfolgen in Augenschau nimmt. Im Anschluss an eine Formulierung des bereits erwähnten US-amerikanischen (politischen) Philosophen John Rawls könnte man formulieren: Das Richtige ergibt sich nicht aus dem, was für den Menschen «gut» ist. «Gut» meint hier allerdings: «das, was wir als Folgen unserer Handlungen als gut bewerten» oder «das, was unseren Interessen oder Bedürfnissen entspricht». Der deontologische Ethiker würde in einem solchen Fall fragen, woher wir wissen, was wir als «gut» bewerten können, und wie wir richtige von falschen Bedürfnissen unterscheiden können. Die deontologische Ethik richtet sich auf Grenzziehungen: Das «Gute» kann nur innerhalb bestimmter Grenzen erstrebt und gefördert werden. Und es sind nicht ausschliesslich die Folgen unserer Handlungen, von denen diese Grenzen gezogen werden.

Welche nun die «in sich» guten oder schlechten Handlungen sind, wird herkömmlicherweise zunächst mittels der zweiten Fassung von Kants «Kategorischem Imperativ» beantwortet, der zufolge wir Menschen immer *auch* als Zweck, niemals *bloss* als Mittel gebrauchen dürfen (Grundlegung zur Metaphysik der Sitten, IV 429). Wir haben diese Formel bzw. dieses Prinzip bereits zitiert. Diese *Menschenwürde*-Formel als solche ist allerdings noch nicht sehr aufschlussreich, denn der Übergang von einem legitimen zu einem illegitimen Gebrauch des Menschen wird in ihr keineswegs markiert. Im Anschluss an die erste Formel («Handle so, als ob die Maxime deiner Handlung durch deinen Willen zum allgemeinen Naturgesetz werden sollte»; GMS, IV 421) – die sogenannte *Naturgesetzformel* – und im Anschluss an die dritte Formel (Handle so, «dass der Wille durch seine Maxime sich selbst zugleich als allgemein gesetzgebend betrachten könne» (GMS, IV, 434) – die sogenannte *Autonomieformel* – können jedoch weitere Hinweise auf den Charakter einer deontologischen Ethik gewonnen werden.

Die Naturgesetzformel verlangt die *Verallgemeinerung* unserer tatsächlichen Handlungsurteile («Maxime») und die Autonomieformel die *Unabhängigkeit* oder *Objektivität* der urteilenden Vernunft (bzw. des Willens) von partikulären Triebfedern oder Motiven. Die Autonomieformel ist demnach auf die Fähigkeit und auf die Verpflichtung unabhängigen Urteilens gerichtet. Ohne diese Unabhängigkeit wären wir nicht in der Lage, einen *allgemeinen* Standpunkt einzunehmen, den Standpunkt der Moral.

Man sollte darauf achten, dass die Deontologie in der Fassung von Kant uns vor allem einen Massstab vermitteln will, der uns orientiert im Hinblick auf unsere *grundlegenden* moralischen Urteile und Intuitionen. Es ist hier nicht der Ort, die Moralphilosophie Kants zu diskutieren. Aber die drei kurz erwähnten Fassungen des Kategorischen Imperativs entsprechen tatsächlich grundlegenden moralischen Überzeugungen: Das Verbot, Menschen zu instrumentalisieren oder zu unterwerfen; das Verbot des Lügens, des Tötens, des Betrugs, des Brechens eines Versprechens; die Achtung oder Respektierung des anderen Menschen als eines Gleichen; die Behandlung des Menschen als ein rationales Wesen. An dieser kleinen Reihung wird bereits deutlich, was die deontologische von der konsequentialistischen Ethik fundamental unterscheidet: Letztere will Resultate maximieren und unseren Handlungsradius ausdehnen. Die deontologische Ethik dagegen will – wie bereits erwähnt – Grenzen ziehen, Beschränkungen auferlegen.

Bei Thomas Nagel, einem wichtigen nordamerikanischen Philosophen, findet sich in seinem Buch «Der Blick von nirgendwo» folgender Hinweis, wobei der Titel des Buches an unsere Fähigkeit unabhängigen Urteilens appelliert. «Die intuitiven moralischen Überzeugungen, die wir allgemein teilen, kennen unterschiedliche Arten deontologischer Gründe – unterschiedliche *Beschränkungen* [Hervorhebung der Verfasser] dessen, was wir einem Menschen antun dürfen oder wie wir mit ihm verfahren können. So gibt es beispielsweise besondere Pflichten, die auf Versprechen oder Übereinkünfte zurückgehen; ebenso Vorbehalte dagegen, zu lügen; unterschiedliche Verbote, gewisse Grundrechte eines Individuums zu verletzen; etwa sein Recht, nicht getötet oder verletzt, seiner Freiheit beraubt zu werden, bedroht, gefoltert, bestohlen oder genötigt zu werden; Vorbehalte dagegen, einem Menschen lediglich als Mittel zum Zweck bestimmte Opfer abzuverlangen. [...] Darüber hinaus mag es eine deontologische Pflicht zur Fairness, zur Unparteilichkeit oder zur Gleichheit in der Behandlung anderer geben.» (304)

Eine deontologische Ethik geht davon aus, dass es bestimmte Handlungen gibt, die «in sich» verboten sind, unabhängig von ihren Folgen und also unter keinen Umständen ausgeführt werden dürfen. Diese Ethik entspricht unseren grundlegenden moralischen Intuitionen. Sie legt dem Handelnden häufig Beschränkungen auf.

21. Einwände und Vorzüge

Die Einwände, die gegen deontologische Ethiken erhoben werden, sind nicht gering. Es gibt praktische und theoretische Bedenken. Im Hinblick auf das Tötungsverbot wird beispielsweise der Einwand vorgetragen, dieses Verbot nötige zu zahlreichen Ausnahmen (Selbstverteidigung bzw. Notwehr, Kriegshandlungen), weshalb von einer generellen ausnahmslosen Geltung der Normen keine Rede sein könne. Und die Aufhebung früherer Verbotsvarianten (Abtreibung, Sterbehilfe) unterstreiche zusätzlich die Wandelbarkeit der Verbote. Darüber hinaus wird in theoretischer Hinsicht geltend gemacht, diese Ethik vernachlässige die grosse Bedeutung der Folgenbewertung und Folgenabschätzung, vor allem in Konfliktsituationen. Es sei beispielweise schlicht unaufrichtig, die Zulässigkeit einer schmerzhaften Schadenszufügung einer einzelnen Person gegenüber angesichts der möglichen Rettung vieler zu leugnen. Die deontologische Ethik habe keinerlei Gespür für Abwägungen und sittliche Kompromisse. Dass sie universalen und verallgemeinerbaren Intuitionen und Handlungsurteilen entspricht, wird ebenso in Zweifel gezogen.

Dagegen spricht für die deontologische Ethik, dass sie ein wichtiges Element unserer wohlüberlegten Alltagsmoral und der dort angesiedelten Intuitionen zum Ausdruck bringt: Viele moralische Handlungen bestehen aus Beschränkungen, aus Restriktionen, die unsere Neigungen korrigieren, unser Absichten hemmen und unsere Bestrebungen in die Schranke weisen. Moral ist gekennzeichnet durch Pflichten, also durch Handlungen, die wir anderen gegenüber erfüllen *müssen. Verpflichtungen* machen mithin das Fundament unserer moralischen Handlungen aus: Wir schulden einander Elementares (Thomas Scanlon), wir sind einander rechenschaftspflichtig. Und in aller Regel gehen wir diese Verpflichtungen ein, ohne dass wir *zunächst, überall* und *immer* auf die Folgen achten, wie dies konsequentialistische Ethiken verlangen.

Allerdings werden unsere Verpflichtungen immer wiederum mit unhintergehbaren Folgenentscheidungen konfrontiert. Deshalb sollte eine deontologische Ethik eine *pluralistische* Signatur haben. Der britische Ethiker David Ross hat eine solche Variante in seinem berühmt gewordenen Buch «The Right and the Good» (1930) vorgelegt. Dies geschieht dort unter der Überschrift einer «Prima-facie-Pflichten-Ethik». Ross zufolge existieren in unserem Leben etliche «Pflichten auf den ersten Blick» – Pflichten, die uns sofort einleuchten bzw. nicht sinnvoll geleugnet werden können. Dazu gehören Pflichten, die deontologisch begründet werden müssen, wie beispielsweise die oben von Thomas Nagel erwähnten Verpflichtungen, während es durchaus andere gibt, wie beispielsweise die Pflicht zur Wohltätigkeit, die offenbar nur hinsichtlich ihrer Folgen begründet werden können. Am wichtigsten ist Folgendes: In konkreten Entscheidungssituationen und vor allem angesichts der Kollision gleichzeitig bestehender Verpflichtungen wird es zu Abwägungen kommen, in denen mal eine deontologisch fundierte Norm, ein anderes Mal dagegen eine konsequentialistische Argumentation den Durchschlag geben wird. Aber auch eine solche pluralistische deontologische Ethik ist immer noch eine *deontologische* Ethik. Grosse Bestandteile der Tradition der Menschenrechte und der Bürgerrechte sind ohne eine deontologische Fundierung nicht denkbar.

Eine funktionstüchtige deontologische Ethik wird auch Folgenerwägungen, also ein konsequentialistisches Element enthalten müssen. Sie stimmt aber überein mit unseren fundamentalen moralischen Urteilen, die häufig Einschränkungen bzw. Verpflichtungen enthalten.

22. Teleologische Ethik (c)

Von dem oben behandelten Konsequentialismus müssen wir eine teleologische normative Ethik deutlich unterscheiden, obzwar beide immer wieder identifiziert werden. Die *Teleologie* ist in der traditionellen Moralphilosophie die Lehre von den Zwecken oder Zielen der menschlichen *Natur*. Wer teleologisch argumentiert, hat in der Regel eine gehaltvolle Auffassung über die menschliche Natur vor Augen. Über weite Strecken hat die Moralphilosophie dies in ihrer Geschichte getan. Moralische Handlungen sind demnach immer bezogen auf für den Menschen typische und in seiner biopsychischen Konstitution verankerte Zwecke. Solche Zwecke werden als *natürlich* gewertet, weil sie als Strukturen, als Bedürfnisse oder als Ausrichtungen in unserer Natur beheimatet sind. Eine teleologische Ethik hat demnach immer eine Art Anthropologie zur Voraussetzung – eine Lehre vom Menschen. Weit verbreitet sind teleologische Ethiken heute vor allem im Kontext von solchen Religionen, die behaupten, aufgrund eines Offenbarungswissens die menschliche Natur in allgemeinen Zügen oder gar in ihren Einzelheiten moralisch genau ausloten zu können. Genau diese Behauptung, die menschliche Natur gleichsam im Detail zu kennen, macht die teleologische Ethik ideologieanfällig. Deshalb müssen wir immer zuerst die erkenntniskritische Frage stellen, woher wir wissen können, was die menschliche Natur beinhaltet.

Auch in säkularen Ethiken ist das teleologische Modell nie verschwunden. Im Gegenteil – sein Einfluss nimmt inzwischen wiederum zu. Als Beispiele lassen sich nennen: *Eudaimonistische* Ethiken bzw. Glücksethiken oder Ethiken des guten Lebens, die den Menschen dazu auffordern, zusammen mit anderen ein erfülltes Leben zu führen. Aber auch *perfektionistische* Ethiken – Ethiken der Vervollkommnung des Lebens – spielen eine zunehmend wichtige Rolle. Wenn man die Ethik auf einer Theorie menschlicher Bedürfnisse gründen will, wofür gewichtige Argumente sprechen, kommt man nicht umhin, eine Beschreibung der elementaren Züge unserer Natur zu liefern. Teleologische Ethiken sind also dazu angehalten, eine gehaltvolle Basisskizze der menschlichen Natur zu entwerfen, weshalb sie angesichts des Formalismus und der Abstraktheit vieler Ethiken zu Recht eine grosse Attraktivität besitzen. Sie haben einen grossen Wiedererkennungswert, denn sie beziehen sich auf Bedürfnisse, die lebensweltlich gewissermassen unmittelbar einleuchten.

Die teleologischen Ethiken werden häufig mit einem Grundvorwurf konfrontiert, mit dem Vorwurf, sie würden aus einer *Beschreibung* der menschlichen Natur unversehens normative bzw. präskriptive Schlussfolgerungen ziehen. Man nennt eine solche Schlussfolgerung in der analytischen Ethik einen «naturalistischen Fehlschluss», den unmittelbaren Schluss einer Handlungsanweisung, also einer Präskription, aus einem natürlichen Faktum oder einem empirischen Datum, aus einer Deskription. Wer dies tut, schliesst von einer empirischen Aussage, die als Prämisse fungiert, sofort auf eine normative Schlussfolgerung, ohne dass er vorher eine zweite Prämisse – eine normativ-ethische Kategorie oder eine solche Norm – eingeführt hat. Wenn wir diese Norm aber nicht kennen (und also auch nicht zur Diskussion stellen können), ist der Schluss unzulässig. Die normative Schlussfolgerung ist gleichsam erschlichen. Diese Gefahr einer sofortigen Ableitung einer Präskription, also einer Vorschrift, aus einer Deskription oder Beschreibung macht teleologische Ethiken, wie gesagt, ideologieanfällig. Manche meinen fälschlicherweise, dass es ausreicht, auf bestimmte natürliche Abläufe zu zeigen, um zu wissen, was wir tun sollen.

Aber was ist «natürlich»? Ist es das, was die meisten meistens tun? Ist es das, was wir das «Vernünftige» oder das «Wesentliche» nennen? Offenkundig reicht der schlichte Hinweis auf biologisch-physiologische Abläufe nicht aus. Die menschliche Natur ist keine *bloss* empirische Gegebenheit. Einen naiven Naturalismus gilt es zu vermeiden. Viele sexuelle Praktiken wurden jahrhundertelang mit dem einfachen Hinweis auf die Physiologie der Fortpflanzung moralisch verurteilt. Jedoch ist vieles, was uns natürlich vorkommt, das Ergebnis einer kulturellen Prägung oder einer historischen Konstellation und somit standpunktabhängig. Aber nicht alles ist relativ. Wir sind jedenfalls nicht bereit, *alle* erdenklichen Praktiken der Sexualität zu tolerieren. Um die Interpretation und um die Bewertung von «natürlichen» Gegebenheiten kommen wir offenbar nicht umhin. Wir kommen ohne eine gehaltvolle Theorie der menschlichen Natur in moralischer Absicht nicht aus. Wir benötigen wenigstens ein Grundgerüst an Wissen über menschliche Bedürfnisse, Fähigkeiten und Verhaltensweisen, damit die Ethik nicht in einem luftleeren Raum operiert. Wir brauchen eine *kritische* Theorie der menschlichen Natur.

Eine teleologische Ethik richtet sich aus an einer gehaltvollen Theorie von den Zielen und Zwecken der menschlichen Natur. Die Teleologie kann heute als eine Theorie menschlicher Bedürfnisse verstanden werden. Sie orientiert sich an Vorstellungen über das, was den Menschen als Menschen im Wesentlichen ausmacht.

23. Teleologie und Universalismus

Die teleologische Ethik mit ihrer Ausrichtung an der menschlichen Natur hat eine universalistische Anlage: Sie beansprucht – zumindest in grundlegenden Zügen – Wesentliches über den Menschen auszusagen, über *alle* Menschen. Anders als dies in der moralphilosophischen und moraltheologischen Tradition der Fall war, wird sie heute mit diesem Anspruch *nicht* die viel weiter gehende Behauptung verknüpfen, eine universalistische Ethik aufzustellen, die *im Einzelnen* für alle Kulturen verbindlich sein wird. Wohl aber wird sie *eine kritische Skizze des Menschlichen* entwickeln, die es erlaubt, *Grundzüge* einer für alle verbindliche Moral zu formulieren. Eine solche Moral wäre für alle verbindlich, weil sie auf ein Fundament aufmerksam macht, das uns *als* Menschen miteinander verbindet. Genau das ist gemeint, wenn wir von einer Skizze der menschlichen Natur sprechen:

Wir teilen miteinander bestimmte Strukturen unserer Natur, bestimmte «Ziele». Ein solcher teleologischer Universalismus beruht auf der Überzeugung, dass wir als Menschen einiges gemeinsam haben, das kulturelle oder gesellschaftliche Grenzen übersteigt. Dieses Gemeinsame geht sogar über historische oder zeitliche Grenzen hinaus, denn es bereitet uns keine allzu grossen Schwierigkeiten beispielsweise, das Anliegen und die Vernunft von Ethiken antiken Ursprungs zu verstehen und nachvollziehen zu können. Dieses Verstehen ist deshalb möglich, weil viele unserer *Erfahrungen,* wie unterschiedlich sie im Einzelnen sein mögen, mit den Erfahrungen anderer Menschen an anderen Orten und zu anderen Zeiten im Grossen und Ganzen übereinstimmen. Auch heute können wir beispielsweise das Leiden von Menschen an ganz andern Orten und zu ganz anderen Zeiten zumindest im Grundsätzlichen verstehen und wir können nachvollziehend an diesem Leiden teilnehmen. Dieser Nachvollzug – das Verstehen des Leidens – gilt erst recht im medizinischen und pflegerischen Alltag. Wir teilen einen gemeinmenschlichen Erfahrungsbereich. Das momentan eindrucksvollste Beispiel eines solchen Ansatzes finden wir bei der nordmerikanischen Ethikerin Martha C. Nussbaum. Auch sie will eine «Konzeption des Menschen» vorlegen, die in ihren Grundzügen *universalistisch* ist.

«Sie [diese Konzeption] stellt den Versuch dar, ein sehr allgemeines Bild von den Erfahrungen zu gewinnen, die die Menschen im Laufe ihrer Geschichte geteilt haben und teilen. [...] Es handelt sich um eine evaluative und im weiten Sinne ethische Untersuchung. Sie fordert uns auf, die Komponenten des menschlichen Lebens zu bewerten und zu fragen, welche so wichtig sind, dass wir ein Leben, dem sie fehlen, nicht als ein menschliches bezeichnen würden.» (Nussbaum: 1999, 189) Wir kommen später ausführlich auf dieses Konzept zurück.

Die teleologische Ethik darf, wie bereits hervorgehoben, nicht mit einem einfachen Naturalismus verwechselt werden, der die *empirischen* Gegebenheiten der menschlichen Natur als massgeblich betrachtet. Was Menschen gemäss ihrer natürlichen Veranlagung tun, kann als solches kein Kriterium für die Ethik sein. Im Gegenteil – vieles, zu dem unsere Natur uns drängt, ist moralisch äusserst bedenklich. Dennoch können wir nicht verzichten auf das, was unsere Bedürfnisse anzeigen, und ebenso wenig auf die wichtigen und konstanten Erfahrungen, die wir als Menschen machen. Nicht die Vernachlässigung der menschlichen Natur ist das Gegenstück zum Naturalismus, sondern ihre kritische Bewertung, ihre Spiegelung im Lichte unserer Reflexionen und ihre moralische Gestaltung.

Die teleologische Ethik bewertet und interpretiert die menschliche Natur, die in ihren Wesenszügen allen Menschen gemeinsam ist. Deshalb hat diese Ethik eine universalistische Ausrichtung. Sie muss strikt von einem Naturalismus unterschieden werden.

24. Tugendethik (d)

Tugendethische Ansätze gehören zu den ältesten moralphilosophischen Theorien. Traditionell war die Medizinethik, wie aus dem Eid des Hippokrates ersichtlich, tugendethisch geprägt. Haltungen oder Tugenden werden dort zur Pflicht: Der betreffende Arzt oder die jeweilige Ärztin schwört, gewisse Tugenden im Umgang mit Patienten und mit Angehörigen des eigenen Berufsstandes einzuhalten. Die Tugendethik richtet ihre Aufmerksamkeit vor allem auf die charakterlichen Dispositionen des Menschen und auf die Motive, die seinem Handeln zugrunde liegen. Wer tugendhaft handelt, verfügt über eine charakterlich gefestigte Haltung (lat. «habitus»), die es dem Handelnden erlaubt, aus eigener Überzeugung und aufgrund eigenen Könnens das Richtige zu tun. Diese Haltungen werden im Laufe des Lebens erworben, sie sind gewachsen und das Ergebnis einer charakterlichen Bildung. Dabei bezieht sich diese Bildung sowohl auf die Reifung der Emotionen als auch auf die Ausbildung moralischen Wissens. Aristoteles zufolge ist Tugend eine Haltung, «vermöge deren der Mensch selber gut ist und sein Werk gut verrichtet» (NE 1105b). Die Tugend setzt demnach Gewöhnung und Übung voraus.

Im Mittelpunkt steht eine kognitive Aufgabe – die Bestimmung der «rechten Mitte» zwischen Handlungsmöglichkeiten. Der klug Handelnde ist imstande, die Extreme zu vermeiden und allezeit eine Wahl zugunsten des Bestmöglichen zu tun, zugunsten dessen, was in einer Situation also *angemessen* ist. Die klassische Definition lautet: «Es ist mithin die Tugend ein Habitus des Wählens, der die nach uns bemessene Mitte hält und die durch die Vernunft bestimmt wird, und zwar so, wie ein kluger Mann ihn zu bestimmen pflegt. Die Mitte ist die zwischen einem doppelten fehlerhaften Habitus, dem Fehler des Übermasses und des Mangels.» (NE 1107a) Seit der Antike werden immer wieder vier Basistugenden – die sogenannten Kardinaltugenden – unterschieden: Klugheit, Tapferkeit, Besonnenheit und Gerechtigkeit. Wer über sie verfügt, ist in der Lage, in allen Situationen das Richtige zu tun. Es bewahrheitet sich der Satz von Peter Sloterdijk, «Habitus» sei das «Basislager für den Aufschwung ins aktuell gute Handeln».

Es gilt allerdings zweierlei Variationen einer heutigen Tugendethik zu unterscheiden. Diese kann zum einen den Fokus auf das Gewicht der charakterlichen Disposition, auf die Bildung des moralischen Charakters richten, der unerlässlich für *tatsächlich* gutes und richtiges Handeln ist. Die Moraltheorie sollte in dieser Perspektive einen Beitrag leisten zur Fähigkeit angemessenen Handelns und zu der Ausbildung von erzieherischen Massnahmen, die eine solche Fähigkeit begünstigen. Eine Tugendethik kann aber auch auf den Vorrang der Gemeinschaft hinweisen, die *besondere* Tugenden und *partikuläre* Werte kultiviert. In diesem Falle wird häufig auf Traditionen oder auf ein Ethos Bezug genommen, das in einer solchen Gemeinschaft lebendig ist.

Das ärztliche Berufsethos war in der Vergangenheit tatsächlich ein tugendethisches Gebilde. Eine solche Tugendethik kann aber leicht zu einer Abschottung gegen Kritik und Erneuerung führen. Darüber hinaus erweisen sich Tugenden (in dieser konservativen Fassung) als unzureichend im Hinblick auf neuartige Handlungskonflikte oder Handlungsunsicherheiten, wie sie beispielsweise häufig in der modernen Medizin vorkommen. Aber in beiden genannten Variationen der Tugendethik liegt ein Ungenügen an Gesetzesethiken, Norm- oder Regelethiken vor, die, wie im Falle der deontologischen und konsequentialistischen Ethik, ihre Aufmerksamkeit häufig auf Begründungsstrategien von Handlungsnormen richten und dabei das Handlungssubjekt, die handelnde Person, leicht vergessen.

Tugendethiker äussern deshalb im Hinblick auf solche Normethiken eine vierfache Skepsis. Da ist zunächst die «Bedeutungsskepsis» (1): Aus der Perspektive einer Tugendethik lässt eine Normethik die reiche und integrale Bedeutung moralischen Handelns verkümmern, indem sie nur auf

«Gesetze» und «Prinzipien» bezogen ist und den kompakten Sinnkontext jenes Handelns vernachlässigt. Die «Begründungsskepsis» (2) kritisiert, dass moderne Ethiken häufig formalistisch und prinzipienfixiert sind. Diese verfügten nicht länger über eine gehaltvolle Auffassung der menschlichen Natur, wie sie in den teleologischen Ethiken vorausgesetzt wird, und tendierten zu leeren Forderungen. Damit zusammenhängend wird die «Integrierbarkeitsskepsis» (3) formuliert: Moderne Regel- oder Normethiken werden geblendet von der Frage, was *richtiges* Handeln ausmacht, aber sie vergessen zu fragen, was *gutes* Handeln ist. Sie wären demnach halbierte Ethiken. Und die «Regelskepsis» (4) richtet ihre Kritik auf den Forderungscharakter oder auf den imperativischen Charakter der meisten Normethiken. Wer aber einseitig auf Imperative und Forderungen setzt, verliert den Kontext der Heranbildung und Reifung moralischer Gefühle und die Motivationen aus den Augen, die unser Handeln zu einem menschlichen Handeln machen. Vor allem wird die Kreativität der Regel- und Entscheidungsfindung unterschätzt.

Tugenden sind charakterliche Dispositionen, die Menschen von ihren Motiven her und im Hinblick auf ihre vernünftigen Entscheidungen zu angemessen moralischen Handlungen befähigen. Sie stellen ein moralisches Können dar. Wer im Besitz von Tugenden ist, verfügt über die Fähigkeit zu angemessenem, d.h. die Extreme vermeidendem Handeln. Tugenden kommen in traditionsgesättigten und in stabilen Umgebungen zustande.

25. Schwächen der Tugendethik

Eine Ethik, die sich hauptsächlich auf Tugenden bezieht, wird eine Auffassung über das gute Leben voraussetzen. Denn wir sollten wissen, auf was sich die Tugenden richten müssen. Eine solche Tugendethik könnte demnach auch als eine Ethik teleologischen Zuschnitts betrachtet werden, als eine Variante der teleologischen Ethik, die wir bereits in Augenschau genommen haben. In der Tat kann eine Tugendethik (in der Aristotelischen Tradition) als eine Ethik des geglückten Lebens gedeutet werden. Sie ist auf Charaktereigenschaften und auf moralische Dispositionen gerichtet, die einen Beitrag zum Glücken einer Lebensform liefern. Im Hinblick auf die im vorigen Abschnitt genannte vierfache Skepsis könnte man schlussfolgern, dass eine Tugendethik in einem hohen Masse 1) die konkreten Kontexte des Handelns, 2) die Grundgegebenheiten und Grundbedürfnisse der menschlichen Natur, 3) die Handlungsmotivationen und Charakterqualitäten der handelnden Person und 4) die Kreativität des Entscheidungsfindungsprozesses berücksichtigt. Auch wenn die anderen normativen Ethiktypen diese Elemente zweifelsohne auch enthalten können, sollte man der Tugendethik zugutehalten, dass sie dies mit ausgeprägter Deutlichkeit tut. Vor allem die starke Berücksichtigung der handelnden Person im Kontext ihrer gesellschaftlichen und institutionellen Umgebung lässt sich als ein «Pro-Argument» bezeichnen. Dies macht die Tugendethik auch medizinethisch attraktiv. Im ärztlichen und pflegerischen Handeln besitzen Tugenden wie Fürsorge, Empathie und Vertrauenswürdigkeit einen wichtigen Stellenwert.

In diesem Zusammenhang müssen wir aber zwei unübersehbare Schwächen einer solchen Tugendethik hervorheben. Zum einem neigt diese Ethik dazu, die unter den Bedingungen einer technologisch-wissenschaftlichen Zivilisation wachsende Komplexität der Institutionen zu vernachlässigen. Es reicht in einem solchen modernen *systemischen* Zusammenhang eben nicht aus, auf der Forderung und Förderung von Tugenden bzw. Charakterdispositionen zu bestehen, die traditionell mit einem relativ *stabilen* Milieu verbunden werden, in unserem Fall mit einer stabilen medizinischen Institution. Darüber hinaus lässt sich die Frage nicht vermeiden, wie im Konfliktfall oder bei strittigen Entscheidungssituationen aus Tugenden ein hinreichendes ethisches *Wissen* abgeleitet werden kann, das uns weiterhilft. In der alten Tugendethik konnte man noch davon ausgehen, dass das überlieferte und bewährte Wissen einer Gemeinschaft oder eines professionellen Verbandes ausreichte, um typische Handlungskonflikte zu bereinigen. Aber auf diese konservative und optimistische Annahme können wir heute keineswegs mehr setzen.

Eine einseitig auf Tugenden fixierte Ethik vernachlässigt die komplexen und strittigen systemischen bzw. institutionellen Bedingungen, unter denen heute gehandelt werden muss. Eine solche Ethik ist nicht in der Lage, hinreichendes ethisches Wissen zu generieren, um schwierige Entscheidungen treffen zu können.

26. Kontextuelle Ethik (e) und die Fallstricke des Relativismus

Weit verbreitet sind heute Auffassungen, denen zufolge moralische Überzeugungen und Handlungen vor allem oder gar ausschliesslich *kontextabhängig* sind. Oft treten diese Ethiken auf im Gewand eines *Relativismus* und beziehen sich auf das, was sie die *konstitutive* Verschiedenheit von Kulturen nennen. Vor allem im Rahmen des sogenannten Multikulturalismus kommen sie häufig vor. Dort werden sie mit dem Appell verbunden, Toleranz zu üben sei die erste (moralische) Bürgerpflicht. Man kann vier Varianten unterscheiden und es gilt, genau hinzuschauen: Der moralische *Pluralismus* (a) geht davon aus, dass es verschiedene Lebensformen gibt, die jeweils über eine für sie adäquate Moral verfügen. Dieser Pluralismus schliesst aber nicht aus, dass universelle moralische Normen existieren, die wir in all diesen Kulturen wiederfinden. Im Grunde haben wir es hier mit einem partiellen Relativismus zu tun, der behauptet, dass lediglich Teile einer Moral kulturrelativ sind, andere dagegen nicht. Der *normativ-ethische* Relativismus (b) behauptet dagegen, dass es keine transkulturellen Normen gibt und unser moralisches Urteilsvermögen strikt kulturrelativ bzw. kulturgebunden ist. Die Moralsysteme verschiedener Kulturen können wir aber immerhin vergleichen. Der *Begründungsrelativismus* (c) geht davon aus, dass nicht der Gehalt der Normsysteme oder Moralen von Kulturen relativ ist, sondern lediglich deren Begründung kontextgebunden bleibt. Der *konzeptuelle* Relativismus (d) setzt voraus, dass eine jede Moral die Folge eines kulturell geschlossenen Sprachspiels ist und Übersetzungen oder Vergleiche nicht möglich sind (vgl. Wolff/Schaber 1998).

Höchst problematisch sind die Positionen (b) und (d): der normativ-ethische Relativist und der konzeptuelle Relativist müssen nämlich alle Praktiken akzeptieren, die in einer Kultur *faktisch* mit einer moralischen Legitimation ausgestattet vorkommen. Das widerspricht aber unseren wohlbegründeten Intuitionen auf eine eklatante Art und Weise. Man sollte diese relativistischen Positionen deshalb *radikal* nennen. Dagegen ist gegen den moralischen Pluralismus (a) und gegen den Begründungsrelativismus (c) nichts wesentlich Moralisches einzuwenden: Für den moralischen Pluralismus ist nicht alle Moral relativ und der Begründungsrelativismus hält ebenso fest an einem Grundbestand universeller Normen. Er hält ihre Begründungen allerdings für kulturrelativ.

In unserer Gesellschaft treffen wir häufig relativistische Positionen im Hinblick auf die Richtigkeit von Handlungen an. Vier relativistische Varianten können unterschieden werden: der Pluralismus (a), der normativ-ethische Relativismus (b), der Begründungsrelativismus (c) und der konzeptuelle Relativismus (d). Ein radikaler Relativismus, wie er in den Positionen (b) und (d) vorliegt, widerspricht unseren wohl begründeten Intuitionen.

27. Gegen den radikalen Relativismus

Der normativ-ethische Relativismus und der konzeptuelle Relativismus stimmen aus zumindest zwei Gründen mit unseren moralischen Intuitionen nicht überein, wobei wir unter «Intuitionen» nicht Gefühle, sondern spontanes und bewährtes Wissen verstehen, das keiner aufwendigen Beweisführung bedarf. Intuitionen können demnach auch als begründete Vermutungen bezeichnet werden. Der erste, vor allem *empirische* Grund für eine Zurückweisung der genannten Varianten des radikalen Relativismus liegt in der Erfahrung, dass eine transkulturelle Verständigung über einige moralische Angelegenheiten sehr wohl möglich ist. Häufig bezieht sich eine solche Übereinstimmung auf das Verbotene, auf das, was wir in jedem Falle unterlassen sollten. Ein Konsens über dasjenige, was wir anderen *nicht* antun dürfen, ist in etlichen Lebensbereichen ohne allzu grosse Schwierigkeiten und auch über die Grenzen von Kulturen hinweg möglich. Der zweite, vor allem *reflexive* Grund hat damit zu tun, dass wir – auch im interkulturellen Vergleich – wenigstens in Teilbereichen unserer Handlungen auf deren *Richtigkeit* bestehen. Wir *müssen* sogar auf deren Richtigkeit bestehen, weil wir uns selbst nicht ernst nähmen, wenn wir bereit wären, unsere Überzeugungen zu jeder Zeit zu relativieren. Wir beanspruchen, dass die Gründe, die wir für die Richtigkeit unserer Überzeugungen anführen können, zumindest *prinzipiell* auch für andere gelten können. «Prinzipiell» impliziert aber eine Einschränkung: Die anderen müssen nicht unbedingt unsere Sprache sprechen. Sie müssen nicht «per se» unserer Kultur angehören. Wichtig ist die Betonung der Richtigkeit. Wenn wir unsere Überzeugungen reflexiv in Augenschau nehmen, kommen wir nicht umhin, wenigstens einige von ihnen mit Gründen, von deren Richtigkeit wir ausgehen, auszustatten. Dabei brauchen wir weder absolute Standpunkte noch Gewissheit zu behaupten. Es reicht aus, dass wir im Hinblick auf unsere Gründe mit anderen kooperieren wollen.

Es gibt sowohl empirische als auch reflexive Gründe, weshalb der Relativismus nicht das letzte Wort hat. Es gilt, sich selber ernst zu nehmen, und es reicht, mit anderen kooperieren zu wollen, damit sich eine nicht zu unterschätzende Übereinstimmung zeigt.

28. Varianten des Kontextualismus

Ethiken mit einem kontextualistischen Profil treten aber auch noch in anderen Formen auf. Der sogenannte *Kommunitarismus,* der vor allem eine politische Theorie ist, betont, dass moralische Handlungen immer im partikulären Rahmen des Wertekonsenses eines Kollektivs stattfinden. Moralische Handlungen sind demnach abhängig von dem Gesellschaftstyp, in dem sie verankert sind. In der *narrativen* Ethik wird der Schwerpunkt auf die Erzählungen gelegt, in denen Menschen ihre moralische Identität zum Ausdruck bringen und ihre biografischen Erfahrungen gleichsam verarbeiten. Im Grunde hat jede Ethik eine kontextualistische Seite, denn die *Umstände,* in denen wir handeln und in welche wir unsere Normen einpassen müssen, sind unhintergehbar. Einpassung darf allerdings nicht mit Anpassung verwechselt werden. Gerade die moralischen Verbote verlangen nicht selten, dass sie niemals an die Umstände angepasst werden dürfen.

Handlungsumstände fordern uns zur Berücksichtigung von Kontexten heraus. Die Einpassung unserer Handlungen in die konkreten Situationen und Kontexte darf nicht mit Anpassung identifiziert werden.

29. Begründen als kooperative Praxis

Die Ethik will uns zu begründeten moralischen Urteilen führen. Sie stattet uns mit Begründungen aus, die wir auf unterschiedlichen Niveaus der ethischen Reflexion benötigen: Wir wollen unsere normativ-ethischen Theorien, unsere Begriffe und Kategorien, unsere Normen, und nicht zuletzt unsere normativen Urteile bzw. die Entscheidungen, die wir treffen, und die Anwendungen, zu denen wir genötigt werden, *begründen* können. Aber was heisst überhaupt *begründen?* Eine einfache Antwort auf diese Frage lautet: «Begründen heisst argumentieren.» (Konrad Ott, 68) Und wer argumentiert, unternimmt den Versuch, eine andere Person von der Richtigkeit seiner Position *rational* zu überzeugen. Argumentieren und Begründen heissen demnach *nicht,* die andere Person rhetorisch oder mittels emotionalen Drucks zu überreden oder zu überwältigen. Begründen bedeutet dagegen, dass wir in einem Verhältnis der Gegenseitigkeit Gründe *geben* und Gründe *verlangen.* Wer seinen Standpunkt begründet, befindet sich demnach in einer Praxis *kooperativen* Argumentierens.

Wer die Position des anderen Gesprächsteilnehmers lediglich widerlegen will, ist noch mit dem Kräftemessen befasst. Begründen im Sinne des Argumentierens innerhalb einer kooperativen Praxis ist deshalb anspruchsvoller: In letzterem Fall sind wir auf der Suche nach einem möglichen Einverständnis, nach einer argumentativ *geteilten* Position. Dort, wo das nicht gelingt, wollen wir zumindest einen rational vertretbaren Kompromiss erzielen. Wenn aber das Begründen eine Praxis kooperativen Argumentierens darstellt, dann dürfen Gründe und Argumente nicht bloss auf die eigene Perspektive bezogen werden, auf die subjektive Perspektive der argumentierenden Person und ebenso wenig auf die partikulare Perspektive einer Gruppe, einer Kultur oder einer religiösen Gemeinschaft. Gründe sind «extern» (Julian Nida-Rümelin): ihre *Geltung* ist standpunkt-*un*gebunden. In der kooperativen Praxis des Argumentierens wollen wir ein Einverständnis erreichen, auch wenn das nicht immer gelingt. Deshalb sind meine Gründe nicht bloss *meine,* und deine nicht bloss *deine.* Gründe beanspruchen nicht bloss richtig zu sein für die Person, die sie vorträgt. Wer sich auf jene Praxis des Argumentierens, in unserem Falle auf das ethische Gespräch einlässt, trägt Gründe vor, damit wir, die Teilnehmenden, ein richtiges Ergebnis erzielen.

Begründen heisst argumentieren. Argumentieren heisst, dass wir Gründe austauschen, damit wir eine Position rational ausweisen können. Die Geltung von Gründen ist nicht an einen partikularen Standpunkt gebunden.

30. Rationalität im Plural

Wir haben bereits einen Begriff eingeführt, den wir noch klären müssen –, den Begriff der Rationalität. Was heisst nämlich überhaupt «Rationalität»? Es gibt Rationalität nur im Plural. Die Rationalität einer mathematischen Beweisführung kann nur schwer mit der lebenspraktischen Rationalität zwischenmenschlicher Beziehungen verglichen werden. Die Rationalität naturwissenschaftlicher Gesetze stellt andere Anforderungen auf als die Rationalität einer genauen Textinterpretation. Die Rationalität eines ästhetischen Urteils kann man nicht mit der Rationalität eines ethischen Urteils identifizieren. Offenbar hängt die Bestimmung dessen, was wir «rational» nennen, von den Sachverhalten ab, auf die sich unsere Argumente und Urteile richten. Es gibt demnach nicht *eine* Rationalität. Es ist sehr wohl sinnvoll, von der *einen* Vernunft zu sprechen, insofern wir diese als das *Vermögen* der Rationalität charakterisieren. Aber als Vermögen umfasst die Vernunft verschiedene Rationalitäten.

Erneut greifen wir an dieser Stelle kurz auf Aristoteles zurück. Am Anfang der Nikomachischen Ethik, dem Hauptwerk der antiken Ethik schlechthin, wird die Pluralität der Rationalität folgendermassen charakterisiert: «Der logisch gebildete Hörer wird nur insoweit Genauigkeit auf dem einzelnen Gebiet verlangen, als es die Natur des Gegenstandes zulässt. Es ist nämlich genau so ungereimt, vom Mathematiker Wahrscheinlichkeit entgegenzunehmen wie vom Rhetor denknotwendige Beweise zu fordern.» (NE 1094b) Die Anforderungen, die wir an eine rationale Argumentation stellen, hängen also von dem Gebiet ab, in dem argumentiert wird. Es gibt also nicht *eine* Rationalität, sondern mehrere jeweils *gebietsabhängige* Rationalitäten. Naturwissenschaftliches Argumentieren stellt andere Anforderungen an unsere Vernunft, als es das ethische Argumentieren tut. Das menschliche Handeln ist in einer Weise Veränderungen und Unsicherheiten unterworfen, die wir im naturwissenschaftlichen oder mathematischen Diskurs nicht antreffen. «Im Handeln bedeutet: dass es auch anders sein kann», sagt uns erneut Aristoteles (Von der Seele, II, 433a).

Damit ist natürlich nicht gemeint, dass wir in der Moral mit lauter Unsicherheiten und mit ständigen Veränderungen zu tun hätten. Unsere moralische Praxis beruht in aller Regel auf stabilen Überzeugungen, auf anerkannten und unproblematischen Handlungsnormen, auf bewährten Argumentationen. Sie ist durchaus konsensbewährt – bis zu einem gewissen Grad. Dieser Vorbehalt hat mindestens drei Ursachen: 1) Die Anwendung einer Norm auf eine bestimmte Situation ist oft von den Umständen abhängig. Es sind in diesem Falle also die Umstände, die sich verändern, und nicht die Norm. 2) Die Norm kann in einen Konflikt geraten mit einer anderen Norm. Wir können uns nicht auf eine übergeordnete Norm, auf eine Meta-Norm berufen, um den Konflikt zu schlichten. Es sind vielmehr Klugheit, Einfühlungsvermögen und die Kunst der Abwägung erforderlich. 3) Es entstehen in einer wissenschaftlich-technologischen Zivilisation wie der unseren neuartige Handlungskonflikte, weil neues Können neue moralische Probleme mit sich führt.

Rationalität existiert nicht in der Einzahl, sondern in der Mehrzahl. Abhängig vom jeweiligen Gebiet und vom jeweiligen Sachverhalt ändern sich die Rationalitätsanforderungen. Die Ethik hat mit menschlichen Handlungen zu tun, die häufig durch die konkreten Situationen und Umstände, durch Normkonflikte und durch neues wissenschaftlich-technologisches Können geprägt und also auch verunsichert werden.

31. Über Gewissheit und Wahrscheinlichkeit

Unser alltägliches Handeln ist in einem hohen Masse konsensbewährt. Sobald aber unser Handeln die beruhigende Sphäre des Alltäglichen verlässt, bricht dieser Konsens häufig auseinander. Medizinisches Handeln unter den Bedingungen einer sich rapide verändernden wissenschaftlich-technologischen Zivilisation steht gleichsam unter einem ständigen *Veränderungsdruck*. Die Ethik kann aber keine Gewissheit entstehen lassen. Das Gewissheitsideal würde die Ethik ebenso wie unsere kooperative Praxis der Argumentation überfordern. Wenn Aristoteles betont, dass «im Handeln bedeutet, dass es auch anders sein kann», dann ist dem Ansinnen, Gewissheit in ethischen Angelegenheiten zu erzielen, eine Absage erteilt. Dies bedeutet allerdings keineswegs, dass wir uns ganz im Ungewissen befänden. Das Gegenteil ist der Fall. Zahlreiche unserer moralischen Überzeugungen stehen nicht zur Debatte. Viele unserer Wertungen und Normen haben sich bewährt. Wir sind – zu Recht – nicht bereit, den gesamten Bestand unserer Moral zur Disposition zu stellen Aber auch dieser Bestand vermittelt in etlichen Situationen keine letzte Gewissheit.

Die Sicherheit des moralischen Urteils bewegt sich deshalb zwischen zwei Polen: Der eine Pol – nennen wir ihn den *Pol der grösstmöglichen Sicherheit* – vermittelt ein bewährtes und kaum hinterfragtes Wissen um das moralisch Richtige. Der andere Pol – nennen wir ihn *den Pol der minimalen Sicherheit* – lässt uns gewissermassen mit unserer moralischen Urteilsfindung weitestgehend im Stich. Wir wären an diesem letzten Pol moralisch *und* ethisch verunsichert. Wir sollten diese letzte Möglichkeit nicht unterschätzen. Viele biomedizinische Sachverhalte rufen – zumindest in einer ersten Reaktion – dieses Gefühl minimaler Sicherheit hervor. Die moralische Urteilsfindung bewegt sich aber in aller Regel *zwischen* beiden Polen. Sie findet selten an den beiden Extremen statt. Man könnte deshalb sagen, dass wir auf der Suche sind nach grösstmöglicher *Wahrscheinlichkeit* im Hinblick auf die Richtigkeit unseres moralischen Urteils. Es gibt also einen *Gradualismus,* eine Spannweite, innerhalb derer wir uns bewegen.

Im Bereich der Ethik müssen wir uns also von der Vorstellung verabschieden, *Gewissheit* sei dort die Regel. Oft können wir lediglich Wahrscheinlichkeit erzeugen, wahrscheinliche Richtigkeit. Wie gesagt, es existieren Situationen, in denen das moralische Urteil kaum Unsicherheit zulässt. Dort gibt es keinen begründeten Zweifel an unserer Urteilssicherheit. Aber nur ein kurzer Blick auf die Urteilsfindung in Strafprozessen zeigt, wie schwer es ist, immer das richtige Mass für die Bewertung des Falls zu finden. Der Vergleich mit einem Strafprozess ist im Übrigen lehrreich und instruktiv. Die Rekonstruktion des Sachverhaltes, das Für und Wider der Gesichtspunkte, das Auffinden des Motivs, die Zurechnungsfähigkeit der handelnden Person und der Einfluss der Handlungszwänge, das Sammeln der Indizien und der abwägende Vorgang der finalen Urteilsfindung – all diese Elemente spielen in der ethischen Urteilsfindung ebenfalls eine wichtige Rolle.

In der ethischen Urteilsfindung ist Gewissheit selten zu erreichen. Wir streben vielmehr nach der grösstmöglichen *Wahrscheinlichkeit* im Hinblick auf die Richtigkeit unserer Urteile. Letztere müssen für die von einer Situation Betroffenen plausibel sein.

32. Das Flussbett von Ludwig Wittgenstein

Der Philosoph Julian Nida-Rümelin nennt in seinem Buch über «Demokratie und Wahrheit» das Ideal der Gewissheit «Zertismus», abgeleitet vom lateinischen Wort «certus», also «sicher» oder «gewiss». Und in der Tat wird in der Neuzeit nicht selten die Behauptung aufgestellt, Wahrheit sei nur erreichbar, wenn wir über *gewisse* Ausgangsprinzipien verfügen, über eine Methode, die *keinerlei* Zweifel an ihrer Richtigkeit aufkommen lässt, und über Beweise, die uns gleichsam *demonstrieren,* dass etwas *so und nicht anders* der Fall ist. Abgesehen von der Frage, ob dieses Ideal in den theoretischen Wissenschaften, wozu auch die Naturwissenschaften zu zählen sind, überhaupt einen Sinn macht – in der Ethik als einer praktischen Wissenschaft geht es sowohl an den Realitäten des Handelns als auch an den Möglichkeiten der Theorie gänzlich vorbei. In der Medizin ist das ebenso. Ein berühmter Kronzeuge für eine andere, unserer Meinung nach angemessenere Auffassung als die des «Zertismus», ist Ludwig Wittgenstein. Auch Nida-Rümelin bezieht sich auf diesen österreichischen Philosophen. Wir statten die wichtigsten Passagen aus Wittgensteins Abhandlung «Über Gewissheit» mit einigen eigenen Bemerkungen aus. Das alternative Modell, das wir bereits hier «Kohärentismus» nennen und auf das wir gleich genauer eingehen werden, lässt sich am einfachsten verdeutlichen mit der berühmten Flussbett-Metapher, die wir Wittgenstein zu verdanken haben.

In der Ethik fangen wir niemals von vorne an. Wir wählen uns unsere moralischen Überzeugungen nicht aus, jedenfalls nicht in den ersten Jahren unseres Lebens (und auch später eher selten). Uns ist es nicht möglich, gleichsam von aussen, also aus der Perspektive eines unbeteiligten Beobachters, auf das Ganze unserer moralischen Überzeugungen zu blicken, um sie dann nach einer Art Totalprüfung zu selektieren und neu zu ordnen. Wir sind bereits Bewohner einer moralischen Welt, bevor wir auf die einzelnen Bestandteile dieser Welt zu reflektieren anfangen. Und wenn wir das tun, stossen wir uns niemals am gesamten Bestand dieser Welt der Moral, sondern bestenfalls an bestimmten Regeln, die uns nicht mehr (oder noch nicht) einleuchten. Wittgenstein benutzt in diesem Zusammenhang den Begriff des «Weltbildes». Ein solches Weltbild besitzen wir nicht, weil wir uns *zuerst* von seiner Angemessenheit überzeugt haben, sondern weil wir gleichsam in es *hineingeboren* worden sind. «Aber mein Weltbild habe ich nicht, weil ich mich von seiner Richtigkeit überzeugt *habe; auch nicht, weil ich von seiner Richtigkeit überzeugt bin.* Sondern es ist der überkommene Hintergrund, auf welchem ich zwischen wahr und falsch unterscheide.» (94, S. 139)

Auch unsere moralischen Überzeugungen – unsere Werte, Normen, Prinzipien und Haltungen – können wir niemals als Gesamtpaket wählen. Diese Vorstellung würde auf einer enormen und völlig wirklichkeitsfremden Abstraktion beruhen. Wir befinden uns seit unserer Geburt und durch unsere *konkrete* Sozialisation vielmehr inmitten dieser Überzeugungen. Sie sind uns zu einem erheblichen Teil vorgegeben. Wenn man uns auffordern würde, diese Überzeugungen zu benennen, würden wir vermutlich eine Geschichte erzählen – die Geschichte ihrer Herkunft, ihres Zustandekommens, *unsere* Geschichte. Und darüber hinaus würden wir die Eckpfeiler, die Marksteine dieses Bestandes, die Grundregeln unserer moralischen Überzeugungen, in einigen wenigen Sätzen ausformulieren. Wittgenstein spricht in diesem Zusammenhang von einer «Mythologie». Aber man braucht diese «Mythologie», diese Ansammlung einiger elementarer, grundlegender Regeln nicht erst zu kennen, bevor man sich in die Welt der Moral einüben kann. Das

Einüben kommt im Grunde *zuerst,* also vor der «Mythologie». Erst später, wenn wir bereits längst angefangen haben, das Spiel der Moral zu spielen und ihre Spielregeln demnach bereits beherrschen, sind wir in der Lage, die Regeln auch explizit zu benennen. «Die Sätze, die dieses Weltbild beschreiben, könnten zu einer Art Mythologie gehören. Und ihre Rolle ist ähnlich der von Spielregeln, und das Spiel kann man auch rein praktisch, ohne ausgesprochene Regeln, lernen.» (95, S. 139)

Im Laufe der Zeit – im Laufe der Zivilisationsgeschichte der Moral – sind bestimmte Sätze, in denen wir unsere Grundregeln zum Ausdruck bringen, zum festen Bestand, zur festen Form unserer moralischen Praxis geworden. Diese Sätze haben sich, wie auch die Praxis, die ihnen zugrunde liegt, auf Dauer, jedenfalls bis auf Weiteres *bewährt.* Sie stehen so gut wie nie, jedenfalls nur äusserst selten als *Ganzes* zur Disposition. Bei anderen Sätzen, also bei anderen moralischen Überzeugungen, ist das aber nicht der Fall. Sie ändern sich. Es gibt also zähe, gefestigte Sätze und bewegliche, sich verändernde Sätze. «Man könnte sich vorstellen, dass gewisse Sätze von der Form der Erfahrungssätze erstarrt wären und als Leitung für die nicht erstarrten, flüssigen Erfahrungssätze funktionierten; und dass sich dies Verhältnis mit der Zeit änderte, indem flüssige Sätze erstarrten und feste flüssig würden.» (96, S. 140)

Spätestens hier sind wir bei der Fluss-Metapher gelandet. Das, was Wittgenstein vorhin «Mythologie» genannt hat, ist das Ensemble der «erstarrten Erfahrungssätze», also jener Sätze, die in unserem Fall das Grundgerüst unserer *tiefen* moralischen Überzeugungen ausmachen. Die «Mythologie» bildet den festen Rahmen all unserer Handlungen, den *nahezu* festen Rahmen unserer Handlungen. Denn: «Die Mythologie kann wieder in Fluss geraten, das Flussbett der Gedanken sich verschieben. Aber ich unterscheide zwischen der Bewegung des Wassers im Flussbett und der Verschiebung dieses; obwohl es eine scharfe Trennung der beiden nicht gibt.» (96, S. 140) Die Trennung zwischen Flussbett und Fluss, zwischen den «erstarrten Erfahrungssätzen» unserer Moral und den beweglichen Sätzen im Kontext neuartiger moralischer Herausforderungen, zwischen unseren moralischen *Langzeitüberzeugungen* und den aktuellen *Kurzzeitkrisen* – diese Trennung ist nicht immer stabil. Das Ganze kann in Bewegung geraten. Am harten Gestein des Ufers reibt der Sand. «Ja, das Ufer jenes Flusses besteht zum Teil aus hartem Gestein, das keiner oder einer unmerkbaren Änderung unterliegt, und teils aus Sand, der bald hier bald dort weg- und angeschwemmt wird.» (99, S. 140)

In diesen Krisenzeiten unserer Moral machen wir die Erfahrung, dass *einige* unserer Überzeugungen nicht mehr *passen.* Etwas geht nicht mehr. Wir kommen nicht weiter. Wir machen die Erfahrung einer Blockade, einer Obstruktion: Die neue Erfahrung oder die neue moralische Herausforderung lässt sich nicht mehr einpassen in unsere «Mythologie». Dies kann zweierlei bedeuten. Entweder stellt sich nach einer gewissen Zeit heraus, dass der Bestand unserer Regeln ganz und gar unangetastet bleibt, oder wir müssen feststellen, dass gewisse Regeln modifiziert werden müssen. Die Gedanken, die im Wirbel des Wassers entstanden sind, haben dann das Ufer, das Flussbett verändert. Man könnte die Metapher des Flussbettes und unsere diesbezüglichen Erläuterungen unschwer auf Alltagsbeispiele anwenden wie etwa auf die Veränderungen unserer moralischen Einschätzung der Homosexualität, der gleichberechtigten Stellung von Frauen oder hinsichtlich der Rücksichtnahme, die Tiere benötigen. Jedenfalls ist die Flussbett-Metapher eine hilfreiche Konstruktion, um das Verhältnis von Stabilität und Veränderung in der Moral zu erklären.

Der Grundbestand unserer moralischen Überzeugungen ist im Grunde ausserordentlich stabil, aber nicht unveränderlich. Die Flussbett-Metapher von Ludwig Wittgenstein hilft uns, das Verhältnis von Stabilität und Veränderung zu klären.

33. Begründung und Argumentation: Kohärentismus

Die Flussbett-Metapher hat wichtige informative Folgen. Sie klärt uns auf über das Wesen einer ethischen *Begründung* und über die Art der *Argumentation,* die wir dabei tätigen. Was die ethische Begründung betrifft, macht das Bild deutlich, dass wir uns sowohl in unseren theoretischen Bemühungen als auch in unserer moralischen Praxis niemals an einem «Nullpunkt» befinden. Wir befinden uns vielmehr «am» Fluss und «im» Fluss. *Am* Fluss heisst, dass wir uns meistens bereits auf der stabilen Einhegung des Flusses befinden. Das bedeutet: Anders als wir oft vermuten, ist der ethische Konsens zwischen Menschen sehr viel grösser und gefestigter, als dies anlässlich eines akuten moralischen Disputs der Fall zu sein scheint. In diesen Konsens wachsen wir hinein und wir verlassen ihn nur ungern. Es ist deshalb problematisch, mit Blick auf unsere Moral immer auf extreme Fälle oder auf eklatante Verstösse zu verweisen. Dies geschieht nicht selten aus einer alarmbereiten und an einem solchen Alarm geradezu interessierten Haltung heraus, also aus der Absicht, die Lage zu dramatisieren.

Kaum jemand käme auf die Idee, für dieses Ganze unserer Überzeugungen eine neue und totale Begründung erfinden zu müssen, um jene Überzeugungen und die dazugehörenden Praktiken zu stützen und zu fundieren. Das käme dem Versuch gleich, zurück zu einer bisher noch nie gesichteten Quelle des Flusses schwimmen zu müssen, damit wir dem Fluss überhaupt vertrauen können. Wer sich auf eine solche Suche begibt, möchte für seine Begründung *ein* Prinzip oder *einen* alles entscheidenden Gedanken finden, auf dem man anschliessend alles Weitere aufbauen könnte. Diese Begründungsposition nennt man im Englischen «Foundationalism» bzw. im Deutschen «Fundamentalismus», wobei man in der deutschen Begrifflichkeit jegliche Assoziation mit einem religiösen Fundamentalismus vermeiden sollte. Bei dieser Art der Begründung ist man vielmehr auf einen *einzigen* Grund aus, der uns mit der nötigen Gewissheit ausstattet, die wir angeblich erst benötigen, damit wir weitere Schritte unternehmen können. Wir benötigen ein *letztes* Fundament, damit wir in der Lage sind, alles andere abzusichern. Und dieses Fundament fänden wir nur am Nullpunkt des Flusses, an seiner Quelle. Diese Reise können wir uns allerdings ersparen. Die Ufer sind in aller Regel stabil und vertrauenswürdig. In aller Regel.

Denn wir befinden uns auch *im* Fluss. Die Welt unserer Moral ist auch in Bewegung, zumal dort, wo Alltagsüberzeugungen auf strittige Sachverhalte wissenschaftlich-technologischer Natur, im Besondern im Bereich der Biologie und Medizin, stossen. Aber erst Recht *im* Fluss können wir nicht warten auf einen Augenblick der Gewissheit, auf das Letztfundament unserer Gründe, die wir ohne dieses Fundament angeblich nicht ausweisen könnten. Begründungen sind m.a.W. *am* und *im* Fluss zu finden.

Wenn dies zutrifft, dann sagt uns dieser Befund auch etwas über die Art der *Argumentation*. Eine ethische Argumentation findet ebenso wenig «am Nullpunkt» statt, wie wir an einem solchen «Nullpunkt» eine Begründung suchen sollten. Die Argumentation hat bereits einen Ort. Sie findet bereits statt. Hören wir noch ein letztes Mal auf Wittgenstein: «Alle Prüfung, alles Bekräftigen und Entkräften einer Annahme geschieht schon innerhalb eines Systems. Und zwar ist dies System nicht ein mehr oder weniger willkürlicher und zweifelhafter Anfangspunkt aller unserer Argumente, sondern es gehört zum Wesen dessen, was wir ein Argument nennen. Das System ist nicht so sehr der Ausgangspunkt, als das Lebenselement der Argumente.» (105, S. 141)

Statt von einem System zu sprechen, könnte man auch einen anderen Vergleich benutzen. Eine Argumentation gleicht einem *Netzwerk* und dieses sollte nach Möglichkeit engmaschig sein – es sollte *kohärent* sein. In diesem Netzwerk befinden sich allerdings Bereiche, die engmaschiger sind als andere. Dort ist das Netzwerk am stabilsten und sind grössere Veränderungen oder gar Verunsicherungen eher unwahrscheinlich. Aber das Netzwerk ist in Bewegung. Wir sollten nicht vergessen, dass in diesem Netzwerk nicht bloss akademische oder theoretische Argumente der Ethik eine Rolle spielen. Das Gegenteil ist der Fall. Die Maschen des Netzes sind gebildet aus Haltungen, die wir einnehmen, aus bewährten Überzeugungen, die uns zugewachsen sind, aus moralischen Intuitionen und Emotionen, aber natürlich auch aus Theorien bzw. aus Theoriestücken, die wir kennen, *falls* wir uns mit Ethik befassen. Neuen umstrittenen Sachverhalten versuchen wir einen Platz in dem Netzwerk zu verschaffen. Wir versuchen sie zu integrieren. Niemand kann allerdings die Garantie abgeben, dass eine solche Integration immer gelingt. Bestandteile des Netzwerkes müssen unter Umständen korrigiert bzw. neugestrickt werden. Wir sind allerdings immer aus auf Richtigkeit. Wer dem Gewissheitsideal nicht länger huldigt, gibt noch längst nicht den Anspruch auf Richtigkeit auf.

Eine solche Argumentation nennt man Kohärentismus. Der Ethiker Konrad Ott hat eine schöne Beschreibung kohärentistischer Argumentation geliefert. «Im Medium moralischer Argumentation bewegen wir uns (häufig unschlüssig) zwischen Überzeugungen und Theorien hin und her. Es gibt ethische Theorien, die, wenn man sie nicht modifiziert, Konsequenzen haben, die unseren Überzeugungen widersprechen. Aber deshalb müssen sie noch nicht falsch sein. Im Bereich der theoretischen Vernunft gilt in strittigen Fällen der Vorrang der Wissenschaften gegenüber Alltagsintuitionen. Wir akzeptieren im Bereich der Physik Theorien (wie bspw. die Relativitätstheorie), die unseren Alltagsintuitionen krass zuwiderlaufen. In der Ethik hingegen verbürgen weder moralische Überzeugungen noch Ethiktheorien letzte Gewissheit. Wie John Rawls [der berühmte US-amerikanische politische Philosoph; die Autoren] gezeigt hat, pendeln wir als ‹moral investigators› zwischen Intuitionen, Argumenten, Grundsätzen und Theorien hin und her und bemühen uns dabei um ein reflexives Überlegungsgleichgewicht (reflective equilibrium). Dieses in sich facettenreiche Konzept verweist auf den Kohärenzaspekt praktischer Richtigkeit. Diese Kohärenz […] besteht aus der Praxis des ‹Einpassens› neuer Komponenten in eine sich dadurch stabilisierende, vernetzte und erweiterungsfähige Rechtfertigungsbasis. Das Medium, ein solches Überlegungsgleichgewicht annäherungweise (und gewiss nie endgültig perfekt) zu realisieren, ist wiederum die Praxis der Argumentation.» (Konrad Ott, 61)

In dem ethischen Gespräch, das wir führen, damit wir zu Urteilen und Entscheidungen befähigt werden, spinnen wir solche Netzwerke der Argumentation. Irgendwann wird sich im Laufe des Gesprächs eine Richtung andeuten. Das Netzwerk wird sich an bestimmten Stellen verdichten. Wir haben das Überlegungsgleichgewicht gefunden. Dort stossen wir auf Richtigkeit, auf Richtigkeit bis auf Weiteres.

Eine ethische Begründung fängt nie am Nullpunkt an. Sie findet in einem Netzwerk von Argumenten statt, das aus Gründen, aus Intuitionen, Erfahrungen, Emotionen und Theorien besteht.

34. Integrative Verantwortungsethik

Das kohärentistische Modell, das wir hier vorgestellt haben, entspricht dem, was man auch eine «integrative Verantwortungsethik» nennen kann. In einer solchen Ethik müssen zweierlei Integrationen stattfinden. Erstens: Eine funktionierende, praxistaugliche Ethik muss das Wissen verschiedener

Disziplinen integrieren können. Welche Disziplinen das sind, hängt natürlich vom jeweiligen Fall ab. Naturwissenschaftliches und technologisches Wissen, Erkenntnisse der Human- und Sozialwissenschaften, philosophisches und gegebenenfalls theologisches Wissen gehören dazu. Zweitens: In der Praxis ethischen Nachdenkens und Abwägens machen wir die Erfahrung, dass wir nie gemäss *einer* Theorie verfahren können. Zwar plädieren wir in unserem Ansatz für eine im Wesentlichen deontologische Theorie, welche die Menschenwürde und Autonomie vor allem mit Rechten (und Pflichten) verbindet. Aber fallweise wird in einem Prozess ethischen Deliberierens auf tugendethische, teleologische und konsequentialistische Teilstücke zurückgegriffen. Darüber hinaus zählen moralische Emotionen, Intuitionen, weltanschauliche Überzeugungen und persönliche Erfahrungen. Dennoch kann man nicht aus den verschiedenen Positionen der Ethik nach Gutdünken auswählen. Aus dem Grund haben wir auf Defizite und Probleme der jeweiligen Ansätze hingewiesen. Eine praxistaugliche Ethik muss diese genannten Aspekte integrieren können. Anders läuft sie Gefahr, eine monotono-theoretische Übung zu werden. (Baumann-Hölzle 2009)

Eine integrative Verantwortungsethik muss das relevante Wissen aus verschiedenen wissenschaftlichen Disziplinen integrieren können. Sie wird darüber hinaus fallweise auf Einsichten anderer normativen Ethiken zurückgreifen.

II. Medizinethik

Sorge, Bedürfnisse, Menschenwürde und Autonomie

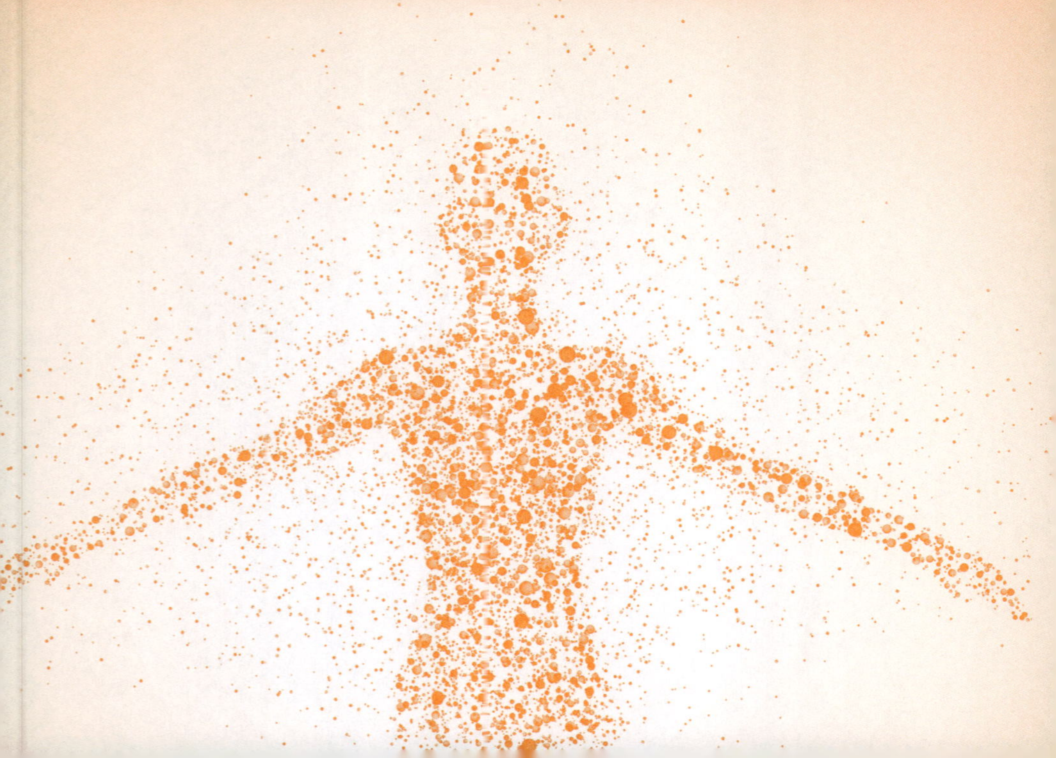

1. Warum Medizinethik?

In den vergangenen zwei Jahrzehnten sind in den grossen Kliniken und auch in kleineren Krankenhäusern klinische Ethik-Kommissionen, Ethik-Komitees oder Ethik-Foren entstanden. Sie befassen sich mit den moralischen Herausforderungen des klinischen Alltags – mit dem Einzelfall oder mit Regeln für ähnlich gelagerte oder identische Fälle. Diese Einrichtungen sind von den Forschungsethik-Kommissionen zu unterscheiden, die Forschungsgesuche beurteilen müssen. In der Ausbildung der Medizinstudenten und Medizinstudentinnen, aber auch in der Ausbildung der Pflegekräfte spielt die medizinische Ethik eine nicht zu unterschätzende Rolle. Die letztgenannte Disziplin – die medizinische Ethik – hat sich an den Universitäten mittlerweile fest etablieren können und hat sich aus ihrer Funktion als Teildisziplin der theologischen oder philosophischen Ethik stellenweise emanzipiert. Diese wachsende Bedeutung der Medizinethik hat verschiedene Ursachen.

Zahlreich sind die Gründe für diesen Bedeutungszuwachs. Immer mehr medizinische Tätigkeitsfelder sind moralisch umstritten: die Forschung an Embryonen und die Stammzellforschung; die Reproduktionsmedizin, welche die Pränataldiagnostik, die Präimplantationsdiagnostik, die Fertilisationstechniken und den Schwangerschaftsabbruch umfasst; die prädikative Gendiagnostik; die spezielle Lage des Kindes; die Transplantationsmedizin; die verschiedenen Formen der Enhancement-Medizin und der ästhetischen Chirurgie; die Forschung am Menschen und die Sterbehilfe. Über die medizinisch-ethischen Grundfragen hinaus, die sich in diesem Zusammenhang stellen, hat sich auch die Rolle des Arztes gravierend verändert. War das Ärztebild früher von einem milden bis strengen Paternalismus geprägt, wird der Mediziner heute eher als ein Partner in der Arzt-Patient-Beziehung gesehen, deren Vertrauenscharakter weniger mit der Autorität des Arztes oder der Ärztin als mit der Qualität der Beziehung zu tun hat. Darüber hinaus hat der Ärzteberuf einen gesellschaftlichen Imageverlust erfahren, während die Pflege – trotz der bescheidenen Bezahlung – sich bis in den Kernbereich medizinischer und ethischer Entscheidungsfindung hinein zu Recht Gehör verschafft hat.

Die sogenannte *Patientenautonomie* gestattet dem Willen, den Entscheidungen und den moralischen Auffassungen des Patienten einen grösseren Einfluss auf Behandlung und Pflege zu, als dies früher je der Fall gewesen ist. Und nicht selten besteht zwischen dem Patienten und seinen Angehörigen einerseits und den medizinischen «Professionals» andererseits ein moralischer Dissens. Dieser Konflikt äussert sich vor allem in dem Spannungsfeld zwischen dem Autonomie-Ansinnen des Patienten auf der einen Seite und den Fürsorgepflichten, wie sie von der traditionellen ärztlichen Ethik vorgeschrieben werden, auf der anderen Seite. Die Bedeutung des Dialogs zwischen allen Beteiligten hat deshalb enorm zugenommen. Eine Auffassung über eine Behandlung, die lediglich «ex cathedra» deklariert wird, also von oben herab erfolgt, wird nicht geschätzt. Aber ebenso wenig sollte man die Veränderungen am beruflichen Profil des Arztes vergessen: Der Arzt ist zum Teil Manager und Verwalter, der sowohl gegenüber den Krankenkassen als auch gegenüber der Finanzleitung des Hauses permanent Verantwortung über sein Tun und Lassen ablegen muss. Und darüber hinaus ist er immer wieder auch (Hobby-)Psychologe.

In der Medizin haben die potenziellen ethischen Konfliktfelder, bedingt durch ein erheblich grösseres medizinisch-technologisches Können, aber auch durch die Pluralisierung der moralischen Überzeugungen in der gesamten Gesellschaft in den letzten Jahrzehnten ständig zugenommen. Darüber hinaus haben sich die Beziehung zwischen Arzt und Patient genauso wie das Anforderungsprofil der medizinischen und pflegerischen Berufe tiefgreifend verändert.

2. Drei Ebenen der Medizinethik

Medizinethik spielt sich – organisatorisch betrachtet – auf mindestens drei verschiedenen Ebenen ab. Die *erste* Ebene, gleichsam die Makro-Ebene, wird durch den rechtlichen Rahmen gebildet, der seitens der Politik und des Rechts dem Gesundheitswesen auferlegt ist. Nationale Ethikkommissionen stehen dem Gesetzgeber als Ratgeber in Fragen der Humanmedizin zur Verfügung. Zu dieser Ebene gehören aber auch die Akademien und Universitäten, in denen die Medizinethik Teil eines Curriculums ist – zumeist in der medizinischen Fakultät, aber auch in einer philosophischen Fakultät oder einem Ethikzentrum. Die ethische *Forschung* und akademische Lehre werden dort betrieben. Die beiden anderen Niveaus befinden sich innerhalb der Kliniken. Die *zweite* Ebene, die Meso-Ebene der Medizinethik, bildet das sogenannte «klinische Ethikkomitee», die «klinische Ethikkommission» oder das Ethik-Forum. Hier werden zumeist allgemeine Richtlinien oder Regeln diskutiert und festgelegt. Darüber hinaus wird hier auch das Verfahren bestimmt, das die Funktionsweise jener Kommission regelt, die fallethische Besprechungen organisiert, die zu Entscheidungen vor Ort führen müssen. Jene Kommissionen oder Komitees sollten wir also deutlich unterscheiden von der kleineren Kommission, die sich auf die Fallbesprechung im Rahmen stationärer Behandlungsabläufe konzentriert. Diese bildet die *dritte* Ebene der Medizinethik, die Mikro-Ebene. Wir nennen sie hier (der Einfachheit halber) die «fallethische Kommission» bzw. die «fallethische Entscheidungsrunde». Hier findet die interdisziplinäre Fallbesprechung, also die konkrete Anwendung statt. Die genaue Namensgebung dieser Einrichtungen kann natürlich von Institution zu Institution verschieden ausfallen. Die Aufgaben dieser jeweiligen Kommissionen müssen aber genau unterschieden werden.

Das «klinische Ethikkomitee», das sich auf der Meso-Ebene befindet, organisiert die ethische Diskussion in der jeweiligen Klinik und befasst sich auch mit dem ethischen Leitbild dieser Institution. Es symbolisiert geradezu dieses Leitbild. Vor allem aber richtet es sich auf die Entwicklung von ethischen Richtlinien, die für die Institution verbindlich sind. Diese Richtlinien sind – wie der Name es im Grunde ausdrücklich sagt – *keine* individual-ethischen bzw. fallspezifischen Entscheidungen. Richtlinien bestimmen, wie man bei einem Behandlungs*typus,* also bei sich wiederholenden Fällen, in aller Regel zu verfahren hat. Sie enthalten also *allgemeine* ethische Bestimmungen. Sie enthalten beispielsweise Anweisungen darüber, wie eine Klinik (im Rahmen des rechtlich Erlaubten) mit einer bestimmten Art der Reproduktionsmedizin umgehen will oder wie eine Institution Ressourcen zu verteilen gedenkt. Abhängig vom ethischen Profil oder vom Leitbild, das sich die jeweilige Klinik gibt, können also unterschiedliche Richtlinien formuliert werden. Konfessionelle Krankenhäuser werden beispielsweise in ihren Richtlinien Behandlungsabbrüche meistens ausschliessen. Das «klinische

Ethikkomitee» ist nicht zuletzt verantwortlich für die Verfahren, welche die Zusammensetzung, die Funktionsweise und Abläufe der «fallethischen Kommission» regeln.

Die zuletzt genannte «fallethische Kommission» bzw. «fallethische Entscheidungsrunde» dagegen hat es mit Anwendungs- und Entscheidungsdilemmas vor Ort, also mit nahezu buchstäblich am Krankenbett sich ergebenden Konflikten zu tun. Hier stehen Entscheidungen in der unmittelbaren Therapiebeziehung an, die nicht selten den Charakter von Gewissensentscheidungen haben. Wichtig ist allerdings der ständige Informationsaustausch zwischen beiden Einrichtungen. Die Weiterentwicklung der Richtlinien ist nur möglich, indem das «klinische Ethikkomitee» an die Praxis der «fallethischen Kommission» bzw. «fallethischen Entscheidungsrunde» angebunden ist. Aus diesem Grund ist es wünschenswert, dass einige Personen in beiden Einrichtungen vertreten sind.

Die Medizinethik spielt sich auf drei Ebenen ab: auf der gesellschaftlichen Makro-Ebene des Rechts, der universitären medizinethischen Forschung und des dortigen Curriculums, auf der Meso-Ebene der «Klinischen Ethikkomitees» und auf der Mikro-Ebene der «fallethischen Kommission» bzw. «fallethischen Entscheidungsrunde».

3. Der Eid des Hippokrates

Im Gesundheitswesen im Allgemeinen und in der Medizin im Besonderen begegnen wir Menschen in Situationen der Abhängigkeit und der Angewiesenheit. Handlungskonflikte und Unsicherheiten über das, was erforderlich ist, treten oft auf. Wir haben es mit einem äusserst sensiblen Bereich menschlicher Praxis zu tun. Über Jahrhunderte hat der hippokratische Eid das Standesethos der Medizin geprägt. Dieser Eid gilt als das älteste bekannte Beispiel eines schriftlich fixierten und kodifizierten berufsethischen Kodex. Der Mediziner verpflichtet sich dort in der Form freiwilliger Zusagen zu einem seinem Berufsstand gemässen Handeln. Sein Tun und Lassen wird – trotz der Freiwilligkeit seiner Aussagen – aber durchaus kategorisch eingefordert. Der Eid enthält moralische Normen, die eine der

Berufsausübung und Lebensweise der Ärzte und Ärztinnen gemässe Sitte und Gesinnung einfordern.

Der hippokratische Eid wird mündlich und «in Schriftform» geleistet. Übertretungen ziehen Sanktionen nach sich. Nebst den der antiken Situation geschuldeten Vorschriften sind Teile des Eides auch heute noch von überragender Bedeutung, beispielsweise «Verordnungen nach bestem Wissen und Gewissen nur zum Wohl der Kranken zu treffen und diese vor Verletzung und Unrecht zu schützen» (4. Zusicherung), «meinen Lebenswandel und meine Berufsausübung vor Entweihung und Verfehlung zu bewahren» (7. Zusicherung) und «Stillschweigen zu wahren über das, was ich während oder ausserhalb der Behandlung über die Lebensverhältnisse von Menschen erfahre, es auf keinen Fall hinaus dringen, sondern ungesagt sein zu lassen» (10. Zusicherung). Andere Zusicherungen sind jedoch mittlerweile Gegenstand ethischer Kontroversen, nämlich die 5. Zusicherung, «niemals, auch nicht auf Bitten hin, tödliches Gift zu reichen oder einschlägige Auskünfte zu erteilen» (Verbot der Euthanasie) und «desgleichen niemals einer Frau ein Mittel zur Herbeiführung einer Fehlgeburt zu geben» (Verbot der Abtreibung, 6. Zusicherung).

Ein Eid stellt eine oder mehrere ethische Normen auf, die von der betreffenden Berufsgruppe eine standesgemässe Sitte und Gesinnung verlangen. Ein solcher Eid ist nur wirksam, wenn er gleichzeitig sanktionsbewehrt ist.

4. Moderne Standeskodizes

Im Hinblick auf medizinethische Sachverhalte existiert eine Fülle an nationalen und internationalen Dokumenten: der «Nürnberger Kodex über Humanexperimente» (1947), das «Genfer Ärztegelöbnis» (1948; ergänzt 1983), die beiden «Deklarationen des Weltärztebundes» (Helsinki 1964, Tokio 1975). Hinzu kommt eine grosse Zahl an Standesordnungen und berufsethischen Kodizes. Kurz nach der Publikation des «Belmont Report» (1978) erschienen die mittlerweile berühmten (und bereits mehrfach erwähnten) «Principles of Biomedical Ethics» von Tom Beauchamp und James Childress. Die vier dort genannten Prinzipien («Autonomie», «Fürsorge», «Nicht-Schaden» und «Gerechtigkeit»), die wir Topoi nennen, gehören inzwischen zum Gemeingut der Medizinethik. Sie werden oft auch Prinzipien mittlerer Reichweite genannt, weil sie – anders als Prinzipien im strikten Sinne wie der Kategorische Imperativ oder das Prinzip der Glücksmaximierung – bereits eine erste, obzwar noch ungewisse Orientierung erlauben. Aber sie sind weit davon entfernt, wie wir gesehen haben, uns im Einzelnen mit normativen Handlungsanweisungen auszustatten. Man könnte sie als elementare und fast selbstverständliche Rücksichten bezeichnen, die in nahezu allen relevanten medizinethischen Situationen Gültigkeit beanspruchen. Ihre genauere Bedeutung, ihre Reichweite und ihr Verhältnis zueinander bleiben aber zunächst undeutlich. Aber dies gilt ebenso für die «Menschenwürde» oder für den «Wert des Lebens». Vor allem ist bei den Topoi mit Kollisionen zu rechnen: Die «Autonomie» des Patienten (mit ihren Defensivrechten) kann in bestimmten Fällen zu der Überzeugung aufseiten des Mediziners führen, seine Pflicht zur «Fürsorge» nicht ausreichend erfüllen zu können. Es kommt dann zu Handlungskonflikten.

Ethische Prinzipien, wie sie häufig in medizinethischen Standeskodizes formuliert werden, statten uns mit ersten, allgemeinen Orientierungen aus. Sie benötigen aber Präzisierungen.

5. Der Primat der Sorge

In den medizinethischen Debatten spielt eine kleine Anzahl von Begriffen eine ganz und gar prominente Rolle. Zu diesen wichtigen Kategorien gehören die Begriffe der «Sorge», des «Bedürfnisses», der «Menschenwürde» und der «Autonomie». Sie bilden den Fokus der heutigen Medizinethik. An allererster Stelle steht die «Sorge». Wir sprechen deshalb auch vom Primat der Sorge. Die Sorge um den anderen ist gleichsam das Urdatum unserer Existenz und die erste Praxis der Moral. Wir sind Spender und Empfänger von Sorge, solange wir überhaupt leben. Wir sind auf Sorge angewiesen und sind das umfassender, länger und intensiver als alle anderen Lebewesen. Wenn wir im Bereich der medizinischen Ethik ganz selbstverständlich von «Sorge», «Pflege» und gar von «Care Ethics» sprechen, dann zeigt sich, dass die Medizin eine *urmenschliche* Tätigkeit ist. Sie ist deshalb auch der Ort einer *besonderen* Verantwortung. In seiner Abhandlung über «Das Prinzip Verantwortung», einem der wichtigsten ethischen Publikationen aus der zweiten Hälfte des zwanzigsten Jahrhunderts, hat Hans Jonas das Eltern-Kind-Verhältnis, das sich ganz um die Sorge für den anderen dreht, als die

Keimzelle jeder Art von Verantwortung bezeichnet. Verantwortung ist die Übernahme der Verpflichtung, die wir als Empfänger von Sorge eingegangen sind. Am Anfang unserer Existenz und weit über sie hinaus sind wir *Nehmer* von Sorge. Das verpflichtet uns aber, irgendwann auch *Geber* oder *Spender* von Sorge zu sein.

«Das Urbild aller Verantwortung ist die von Menschen für Menschen. Dieser Primat der Subjekt-Objekt-Verwandtschaft im Verantwortungsverhältnis liegt unwidersprechlich in der Natur der Sache. Er besagt unter anderem, dass das Verhältnis, einseitig wie es an sich selbst und in jedem Einzelfall ist, dennoch umkehrbar ist und die mögliche Gegenseitigkeit einschliesst. Ja, generisch ist die Gegenseitigkeit immer da, insofern ich, der für jemand Verantwortliche, unter Menschen lebend allemal auch jemandes Verantwortung bin. Dies folgt aus der Nicht-Autarkie des Menschen; und die Ur-Verantwortung der elterlichen Fürsorge hat jeder zuerst an sich selbst erfahren.» (Das Prinzip Verantwortung, 184 f.)

Die Fürsorge der Eltern hat demnach Modellcharakter für das, was wir «Verantwortung» nennen. In dem Modell der Sorge kristallisieren sich die Struktur und der Grund der Verantwortung am klarsten heraus. Ihre *Struktur* ist einseitig oder asymmetrisch: Jemand übernimmt *für* eine andere Person und *zugunsten* einer anderen Person die Verantwortung. Die Position des Empfängers ist eine schwächere als die des Gebers. Es existiert also ein asymmetrisches Verhältnis. Später wird sich die Situation umkehren. Der heutige Verantwortungsträger ist der Verantwortungsempfänger zu einer späteren Zeit. Das meint Jonas, wenn er von der Umkehrbarkeit und Gegenseitigkeit spricht. Diese sind geradezu mit unserer Gattung verbunden, sie sind «generisch» verankert. Die Verpflichtungen, die solchermassen entstehen, sind unhintergehbar. Ihr Kern aber ist, wie gesagt, die Asymmetrie. Der *Grund* der Verantwortung liegt in der «Nicht-Autarkie», also in der Abhängigkeit des anderen Menschen. Jedenfalls ist er zeitlebens immer auch Abhängiger, mehr oder weniger radikal. Oder wie es Martha C. Nussbaum formuliert: Wir sind «zeitgebundene Wesen mit Bedürfnissen, die ihr Leben als Säuglinge beginnen und bis zu ihrem Lebensende häufig noch andere Formen der Angewiesenheit erleben.» (Nussbaum 2010, 224)

Die Grundkategorie der Medizinethik ist die «Sorge»: Menschen werden in Verhältnissen der Sorge, der Fürsorge geboren. Sie sind Empfänger von Sorge und später auch Spender von Sorge. Diese Verpflichtungen sind unhintergehbar.

6. Das Gut der Gesundheit

Die Sorge richtet sich im Falle der Medizin auf das «Gut» der Gesundheit. Ein Gut ist etwas, das wir wertschätzen und dessen Besitz wir erstreben. Die Gesundheit ist ein *konditioniertes* Gut, weil sie einem Menschen von anderen ermöglicht wird und einem zunächst auch geschenkt worden ist. Konditioniert ist unsere Gesundheit ebenso durch den Zufall unserer genetischen Ausstattung und durch die Widerfahrnisse des Lebens. Aber ohne die anderen könnten wir mit diesen Konditionen nicht umgehen. Die anderen sind gleichsam die Bedingung der Möglichkeit unserer Gesundheit. Darüber hinaus aber ist die Gesundheit ein *konditionales* Gut. Sie ist die Bedingung der Möglichkeit all unserer Aktivitäten, Lebenspläne und Entwicklungsmöglichkeiten. Alle anderen Lebensgüter bleiben abhängig vom primären Gut der Gesundheit. Diese Aussage darf aber nicht missverstanden werden. Hier wird nicht die Behauptung aufgestellt, dass Menschen, die nicht gesund sind oder sein können, kein erfülltes Leben führen können. Aber es lässt sich schwer von der Hand weisen, dass gravierende gesundheitliche Einschränkungen zu ebenso schweren Einschränkungen der gesamten Lebensführung Anlass bieten.

«Gesundheit» bezeichnen wir an dieser Stelle vorläufig als einen Zustand, der uns eine altersgemässe Entwicklung mitsamt ihrer Fähigkeiten und Beziehungsgefügen ermöglicht. Eine solche Entwicklung hat mit der Entfaltung und Realisierung von Potenzialen zu tun, die für die Altersstufe im Ganzen typisch sind. Die Gesundheit kennt gewiss Stadien und Perioden. Aber wir verfügen über ein intuitives Vorverständnis dessen, was es heisst, gesund zu sein. Eine gesunde Person verfügt über Fähigkeiten, die ihrem Alter entsprechen und dadurch in der Lage ist, alterstypische Funktionen auszuüben. Hans Jörg Ehni und Georg Mackmann schreiben deshalb zu

Recht: «Es ist die Aufgabe einer gerechten Gesundheitsversorgung, jedem Individuum diejenigen Leistungen und Güter zugänglich zu machen, die erforderlich sind, um die normale arttypische Funktionsfähigkeit und damit eine faire Chancengleichheit aufrechtzuerhalten und gegebenenfalls wiederherzustellen.» (Ehni/Mackmann, 280)

Die Gesundheit des Menschen ist ein konditioniertes und ein konditionales Gut. Wir verfügen über ein intuitives Verständnis, was sie beinhaltet: einen altersgemässen Zustand des Wohlbefindens.

7. Bedürfnisse

Was unsere menschliche Natur kennzeichnet, sind Bedürfnisse, *grundlegende* und – anders als bei anderen Lebewesen – komplexe Bedürfnisse wie auch das *Wissen* um diese Bedürfnisse. Wir kennen sie und spüren sie. Bedürfnislosigkeit und Autarkie, also völlige Unabhängigkeit bei der Aufrechterhaltung der eigenen Existenz, sind (fragwürdige) Ideale, die nur die wenigsten unter uns erstreben können und wollen. Wenn elementare Bedürfnisse über längere Zeit nicht befriedigt und erfüllt werden, sind wir nicht in der Lage, ein menschliches Dasein zu führen – ein *menschenwürdiges* Dasein. Wir verlieren die Fähigkeit, eine menschliche Existenz zu vollziehen. Ein Leben lang sind wir also Bedürfniswesen. «Der Fähigkeitenansatz», so sagt Martha Nussbaum, «erkennt also an, dass wir zeitgebundene Wesen mit Bedürfnissen sind, die ihr Leben als Säuglinge beginnen und bis zu ihrem Lebensende häufig noch andere Formen der Angewiesenheit erleben. […] Tatsächlich wird diesen Formen der Verletzlichkeit besondere Aufmerksamkeit gewidmet, schliesslich sind Vernunft und Geselligkeit selbst zeitlich, denn sie wachsen, reifen heran und verfallen (gegebenenfalls).» (Nussbaum 2010, 224)

Verschiedentlich ist versucht worden, die Bedürfnisse gewissermassen aufzulisten. Eine solche Liste konstruiert ein anthropologisches, also ein für den Menschen *typisches* Bild seiner Bedürfnisse. Nussbaums «Liste» sieht folgendermassen aus.

«1. Leben: Die Fähigkeit, ein menschliches Leben normaler Dauer bis zum Ende zu leben; nicht frühzeitig zu sterben und nicht zu sterben, bevor dieses Leben so eingeschränkt ist, dass es nicht mehr lebenswert ist.
2. Körperliche Gesundheit: Die Fähigkeit, bei guter Gesundheit zu sein, wozu auch die reproduktive Gesundheit, eine angemessene Ernährung und eine angemessene Unterkunft gehören.
3. Körperliche Integrität: Die Fähigkeit, sich frei von einem Ort zum anderen zu bewegen; vor gewaltsamen Übergriffen sicher zu sein; sexuelle Übergriffe und häusliche Gewalt eingeschlossen; Gelegenheit zur sexuellen Befriedigung und zur freien Entscheidung im Bereich der Fortpflanzung zu haben.
4. Sinne, Vorstellungkraft und Denken: Die Fähigkeit, die Sinne zu benutzen, sich etwas vorzustellen, zu denken und zu schlussfolgern – und dies alles auf jene «wahrhaft menschliche» Weise [...] Die Fähigkeit, angenehme Erfahrungen zu machen und unnötigen Schmerz zu vermeiden.
5. Gefühle: Die Fähigkeit, Bindungen zu Dingen und Personen ausserhalb unserer selbst aufzubauen; die Fähigkeit, auf Liebe und Sorge mit Zuneigung zu reagieren und auf die Abwesenheit dieser Wesen mit Trauer. [...]
6. Praktische Vernunft: Die Fähigkeit, selbst eine persönliche Auffassung des Guten zu bilden und über die eigene Lebensplanung auf kritische Weise nachzudenken. [...]
7. Zugehörigkeit: A. Die Fähigkeit, mit anderen und für andere zu leben, andere Menschen anzuerkennen und Interesse an ihnen zu zeigen, sich auf verschiedene Formen der sozialen Interaktion einzulassen; sich in die Lage eines anderen hineinzuversetzen. [...] B. Über die sozialen Grundlagen der Selbstachtung und der Nichtdemütigung zu verfügen; die Fähigkeit, als Wesen mit Würde behandelt zu werden, dessen Wert dem anderer gleich ist. [...]
8. Andere Spezies: Die Fähigkeit, in Anteilnahme für und in Beziehung zu Tieren, Pflanzen und zur Welt der Natur zu leben.

9. Spiel: Die Fähigkeit zu lachen, zu spielen und erholsame Tätigkeiten zu geniessen.
10. Kontrolle über die eigene Umwelt. […]» (Nussbaum 2010, 112 ff.)

Diese Liste der Bedürfnisse oder der Fähigkeiten bzw. Vermögen, wie jene Bedürfnisse auch genannt werden, ist natürlich immer unfertig. Das erkennt auch Nussbaum an. Und auch die genaue Interpretation dieser Liste ändert sich. Aber dieses Ensemble hilft uns ungemein, menschliche Grundbedürfnisse zu identifizieren, die wir berücksichtigen müssen. Die allermeisten von ihnen spielen in medizinethischen Entscheidungen – unmittelbar oder mittelbar – eine wichtige Rolle. Nussbaum ist der Meinung, dass diese Liste dem entspricht, was wir ein *menschenwürdiges* Leben nennen. Es gilt in diesem Zusammenhang allerdings, einem Missverständnis vorzubeugen. Der Ansatz von Nussbaum meint nicht, dass Menschen die genannten Fähigkeiten oder Vermögen haben *müssen,* damit ihnen ein menschenwürdiges Leben zukommt. Wäre das so, würden nur jene Menschen Würde besitzen, die über jene Fähigkeiten verfügten. Der Ansatz wäre dann *exklusiv.* In Wahrheit ist der Ansatz aber *inklusiv:* Er schliesst alle Menschen ein, die das *Potenzial* haben, solche Fähigkeiten zu haben und sie als Vermögen zu entwickeln. Nicht zuletzt im Hinblick auf Behinderte und Kranke ist diese Präzisierung wichtig. Die Fähigkeiten oder Vermögen bezeichnen demnach sowohl Grundbedürfnisse (im Sinne von Ausgangsbedingungen) als auch Zielvorstellungen (im Sinne von erstrebenswerten Realisationen). Nussbaums Liste ist als eine Anspruchsliste an die Adresse von Gesellschaft und Politik gerichtet: Wir haben die Pflicht dafür zu sorgen, dass Menschen ein Leben führen können gemäss jenen Fähigkeiten. Die Liste stellt keine Ansprüche an den Einzelnen, so als hätte dieser nur Menschenwürde, wenn er über jene ausgebildeten Vermögen aktuell verfügte.

Menschen sind Wesen mit konstanten, komplexen und sich auch verändernden Bedürfnissen. Sie zu berücksichtigen und ihre Erfüllung realisieren zu helfen, hilft Menschen, ein *menschenwürdiges* Dasein zu führen.

8. Menschenwürde – fundamental, aber unklar

Kaum eine Kategorie der Ethik geniesst eine solche Popularität wie die «Menschenwürde»-Formel. Dies mag mit dem Sachverhalt zu tun haben, dass die Formel wie ein Schlüssel oder ein «Passepartout» auf alle möglichen Situationen und Themen anwendbar zu sein scheint. Genau das ist aber *nicht* der Fall. Die Berufung auf die Menschenwürde *suggeriert* oftmals ein überlegenes ethisches Wissen und ein daraus abgeleitetes unumstössliches Urteil, während weder das sich auf die Menschenwürde berufende Wissen noch dessen Anwendung in Entscheidungssituationen evident sind. Nicht selten haben wir es bei Bezugnahme auf die Menschenwürde mit einem «conversation stopper» (Richard Rorty) zu tun, mit einer Instanz, die unbezweifelbare Einsichten meint präsentieren zu können, aber die dadurch das Gespräch im Grunde blockiert. In Wahrheit bezieht man sich oft auf lediglich vage Vermutungen. Sowohl das *Für* als auch das *Wider* angesichts eines bestimmten moralischen Problems wird nämlich häufig mittels einer Berufung auf die Menschenwürde begründet.

Bei genauerem Hinsehen zeigt sich, dass die *Bedeutung* der Formel unklar und strittig ist. Hier stellt sich die Frage, *was* die Menschenwürde ist. Ebenso ist ihre *Reichweite* nicht ohne Weiteres evident. Hier stellt sich die Frage, *wer* Träger der Menschenwürde ist. Zwar bezieht sich das Prädikat «Würde» auf *alle* Menschen, aber meinen wir damit Menschen in *allen* Stadien ihres Lebens (a) und dort dann auch in gleicher Weise (b)? In «allen Stadien ihres Lebens» (a) betrifft die Spanne zwischen der Empfängnis und dem Tod. «In gleicher Weise» (b) bezieht sich auf die Frage, ob die Menschenwürde bzw. der moralische Schutz, der aus ihr abgeleitet wird, immer die gleiche Intensität hat. Darüber hinaus ist die Formel in ethischen Diskussionen emotional aufgeladen: Wer möchte sich schon mit dem Vorwurf konfrontiert sehen, Auffassungen zu vertreten oder gar Handlungen zu vollziehen, die mit der Menschenwürde nicht kompatibel sind? Der einfache und oft auch rhetorische Rückgriff auf die Menschenwürde hilft uns jedenfalls nicht weiter. Angesichts einer solchen Situation tut eine Besinnung auf Geschichte und Gegenwart der Menschenwürde-Formel not.

Die Menschenwürde-Formel geniesst eine hohe Popularität. Ihre Bedeutung («was ist die Menschenwürde?») ist aber nicht ohne Weiteres klar und ihre Reichweite («wer ist Träger von Menschenwürde?») ist das ebenso wenig.

9. Ehre und Würde – zwei Paradigmen

Der Diskurs der Menschenwürde löst in der frühen Moderne ein moralisches Paradigma ab, das über Jahrhunderte als Referenzkader für die gesellschaftliche Position des Menschen und für die an diese Position geknüpften Verpflichtungen gedient hat. Es ist das Paradigma der *Ehre.* Die Ehre eines Menschen war die ursprüngliche Fassung dessen, was wir heute «Würde» nennen. Auch wir sprechen noch von einem «Würdenträger» und meinen damit, dass die betreffende Person aufgrund ihrer Rolle oder ihrer Funktion *nicht* auf einer Stufe mit allen andern steht. Das Diktum «Ehre, wem Ehre gebührt» macht ebenfalls auf die Unterschiede der Menschen aufmerksam. Das aber ändert sich schrittweise ab dem 18. Jahrhundert.

Folgendermassen könnte man die Veränderungen zusammenfassen, die sich im Übergang vom einen zum anderen Paradigma ereignen: 1) Die moderne Moral der Menschenwürde geht von der prinzipiellen Gleichheit aller Menschen aus. *Alle* Menschen werden mit der *gleichen* Würde geboren. *Universalität* und *Egalität* sind wesentliche Kennzeichen der «Menschenwürde». Das frühere Modell der «Ehre» ging dagegen von der grundsätzlichen *Ungleichheit* der Menschen aus. Nicht jeder hat die gleiche Ehre, denn diese – die Ehre – steht oder fällt mit der Anerkennung und Verteidigung von Unterschieden.

2) Eine Kultur der Ehre beruht auf einer *vertikalen* Struktur. Ihre Stufungen – also die unterschiedlichen Positionen der jeweiligen Akteure – haben mit sichtbaren Zeichen der Differenzen, beispielsweise mit Kleidungs- und Verhaltensvorschriften zu tun. Darüber hinaus sind diese Unterschiede affektiv verankert: Stolz ist ein starkes Gefühl der Ehre. Ebenso die Gefühle der Verletzung und der Empörung als Folge der Missachtung der unterschiedlichen Positionen der gesellschaftlichen Akteure. Die Menschenwürde-Moral

der Moderne beruht dagegen auf einer *horizontalen* Struktur: Im Hinblick auf ihre Würde existieren – wenigstens prinzipiell – keine Stufungen unter den Menschen. Was wir heute «Menschenwürde» nennen, ist darüber hinaus kein Gegenstand von Affektivität, sondern wird eher als eine kognitive Einstellung gegenüber anderen Menschen und gegenüber uns selber erfahren. Wir empfinden oder fühlen unsere Menschenwürde nicht primär, sondern sie ist ein Merkmal unserer Existenz, das für uns die kognitive Grundlage von Rechtstiteln wie den Menschenrechten darstellt. Wir sprechen von einem «Ehrgefühl», aber nicht von einem «Menschenwürdegefühl».

3) Ehre ist sichtbar und konkret, die Menschenwürde jedoch ist das nicht. Wir können auf Merkmale der Ehre unmittelbar zeigen: Kleidungskodizes, Verhaltensweisen, Ehrabzeichen und Höflichkeitsgebärden sind unserer Wahrnehmung unmittelbar zugänglich. Die Markierungen und Abgrenzung der «Ehre» sind eben sichtbar. Auf die «Menschenwürde» können wir auf diese Weise aber gerade *nicht* zeigen. Sie ist zunächst in hohem Masse abstrakt. Ihre Bedeutung ist strittig.

4) Die «Ehre» zementiert die gesellschaftlichen Verhältnisse. Sie ist der Kitt, der Klassenunterschiede und Geschlechterrollen veränderungsresistent macht. «Ehre»-Gesellschaften sind ihrer Anlage nach strukturkonservativ. Die «Ehre» ist am Erhalt der Verhältnisse beteiligt und interessiert. Sie will den Status quo beibehalten. In der «Menschenwürde» dagegen schwingt ein Element des Protestes mit. Die Menschenwürde ist in aller Regel nicht dazu geeignet, um Verhältnisse zu akzeptieren, sondern sie neigt dazu, diese zu verändern. Der «Menschenwürde» eignet, anders als dem Ehre-Paradigma, nämlich ein hohes *Sollenspotenzial.* Die Realität soll den Erfordernissen der Menschenwürde gleichsam angepasst werden. Wie man unschwer an dieser Gegenüberstellung bemerken kann, ist die «Menschenwürde» keineswegs ein einfacher Rechtstitel für den Menschen.

Die Menschenwürde löst in der frühen Moderne ein anderes, jahrhundertelang währendes Paradigma ab: das Paradigma der Ehre. Die moderne Berufung auf die Menschenwürde setzt erhebliche Veränderungen in unserem moralischen Selbstverständnis voraus.

10. Kant und die Menschenwürde

Die Menschenwürde in ihrem frühmodernen Verständnis hat eine reiche Vorgeschichte. Sie in Grundzügen zu kennen ist erforderlich, damit wir ihre Bedeutung *heute* besser verstehen können. «Dignitas» heisst der lateinische Begriff, der seit Cicero vor allem auf die Vernunftnatur des Menschen aufmerksam macht. Weil Menschen begabt sind mit Vernunft, können sie ihr Leben unter sittliche Anforderungen stellen: Sie können die Genusssucht eindämmen, sie müssen die Unverletzlichkeit der anderen Person respektieren und sind zur Solidarität in der Gemeinschaft verpflichtet. (Über die Pflichten, III, 27 ff.) Die Würde hat demnach mit der *Reflexionsfähigkeit* des Menschen zu tun, die ihn befähigt, sein Leben unter die Disziplin von sittlichen Vorschriften zu stellen. Und diese Vorschriften sind universell. In der Renaissance wird der Titel «Würde» aber zunehmend zu einer Formel, die auf die *Sonderstellung* des Menschen in der Schöpfungsordnung verweist. Die menschliche Existenz ist nicht eingefügt in eine feste Struktur, sondern ihr Platz in der Welt und im Kosmos ist unsicher. «Würde» ist also ein Begriff, der ein *emanzipatorisches* Moment an der Existenz des Menschen betont: Der Mensch ist das «nicht-festgestellte» Wesen, das seinen Ort im Ganzen der Welt erst (er)finden muss. Während Cicero die Würde vor allem mit Begrenzungen verknüpft, die Menschenwürde also mit Limitierungen verbindet, wird sie in der frühen Neuzeit eher mit Erlaubnissen, also mit Lizenzierungen assoziiert. Das ändert sich aber in der frühen Moderne erneut.

Zu einem ganz und gar zentralen Begriff wird die «Menschenwürde» nämlich erst in der Ethik von Immanuel Kant. Bereits bei ihm gilt es, zwei Fragen zu unterscheiden. *Wer* hat Menschenwürde? *Was* ist Menschenwürde? Zunächst wenden wir uns der ersten Frage zu, der Frage, wer Träger von Menschenwürde ist.

Die einschlägige Definition aus der «Grundlegung zur Metaphysik der Sitten lautet: «Im Reich der Zwecke hat alles entweder einen Preis oder eine Würde. Was einen Preis hat, an dessen Stelle kann auch etwas anderes als Äquivalent gesetzt werden; was dagegen über allen Preis erhaben ist, mithin kein Äquivalent verstattet, das hat eine Würde.» (II, 434)

Würde ist demnach ein Merkmal des Menschen, das unvergleichbar ist und deshalb ohne einen zu *beziffernden* Wert bleiben muss. Sie weist auf den Status der menschlichen Existenz als *Zweck an sich.* «Das aber, was die Bedingung ausmacht, unter der allein etwas Zweck an sich selbst sein kann, hat nicht bloss einen relativen Wert, d.i. einen Preis, sondern einen inneren Wert, d.i. Würde.» (II, 435) *Weshalb* der Mensch aber Würde hat, ist damit noch längst nicht beantwortet. Die Antwort auf diese Frage, die Kant sofort im Anschluss an die soeben zitierte Stelle gibt, ist durchaus überraschend. Sie lautet: «Also ist die Sittlichkeit und die Menschheit, sofern sie derselben fähig ist, dasjenige, was allein Würde hat.» (II, 435) Diese Passage könnte man folgendermassen übersetzen: Die Würde des Menschen hängt mit seiner Fähigkeit zur Moral unmittelbar zusammen. Der Mensch hat Würde, insofern er zu moralischen Handlungen fähig ist. Und diese Handlungen finden angesichts der «Menschheit» statt. «Menschheit» heisst, dass die Handlungen des Menschen universalisierbar sein müssen.

Die «Sittlichkeit» kann also nur dann gewährleistet werden, wenn wir die Fähigkeit des Menschen voraussetzen, seine Handlungsmaximen – die Grundsätze seiner Handlungen – der Allgemeingültigkeit von Gesetzen zu unterwerfen. Wir müssen unsere Handlungen von subjektiven Motivationen, von Neigungen und Partikularismen befreien. Wir müssen uns deshalb selber ein Gesetz geben, angeleitet durch unsere *praktische* Vernunft. Wer diese Fähigkeit besitzt, sich selber ein solches Gesetz zu geben, verfügt über *Autonomie.* Und es ist diese Autonomie, welche die Würde des Menschen geradezu *begründet.* Das entscheidende Zitat hat folgenden Inhalt: «Die Gesetzgebung selber aber, die allen Wert bestimmt, muss ebendarum eine Würde sein, d.i. unbedingten, unvergleichbaren Wert haben, für welchen das Wort Achtung allein den geziemenden Ausdruck der Schätzung abgibt, die ein vernünftiges Wesen über sich anzustellen hat. Autonomie ist also der Grund der Würde der menschlichen und jeder vernünftigen Natur.» (II, 436) Begriffe wie «Achtung vor dem Gesetz», «Autonomie» und «Würde» bedingen sich offenbar gegenseitig. Wer jene «Achtung vor dem Gesetz» dadurch zeigt, dass er sich selber das Gesetz gibt und seine Handlungen der Überprüfung durch die Gesetzesallgemeinheit unterwirft, ist autonom und besitzt Würde.

Irritierend ist diese Bestimmung, weil die Menschenwürde offenbar an ein strenges Kriterium geknüpft wird: an die Tätigkeit der praktischen Vernunft. Kant will offenbar die Würde als besondere *Auszeichnung* des Menschen verstanden haben, also als ein *anthropologisches* Merkmal. Aber wo bleibt die Menschenwürde von nicht handlungsfähigen Menschen? Haben nur jene Menschen «Würde», die über Autonomie verfügen? Dies zu beantworten hängt davon ab, was wir unter «Fähigkeit» verstehen. Wenn wir unter «Fähigkeit» ein *aktuelles* Können verstehen, hätte nur ein Teil der Menschheit Würde. Wenn wir aber «Fähigkeit» mit «Anlage» oder mit «potenziellem Können» übersetzen, erweitert sich die Trägerschaft der Menschenwürde erheblich. An dieser Stelle wollen wir lediglich auf ein *Problem* hinweisen, welches die Menschenwürde-Diskussion seit ihren Anfängen begleitet: Wer ist *Träger* oder *Subjekt* der Menschenwürde? Eine Variation auf diese Frage lautet: Wann beginnt die Menschenwürde und wann hört sie auf? Die Antworten auf diese Frage variieren enorm. Für die einen ist die soeben befruchtete Eizelle bereits Träger von Menschenwürde, für die anderen ist Letztere erst bei der Geburt vorhanden. Wir kommen später auf dieses Problem zurück.

Eine ganz andere Frage als die nach der Trägerschaft der Menschenwürde betrifft den Sachverhalt, was die Menschenwürde *inhaltlich* für Folgen hat. Hier ist die zweite Frage einschlägig: *Was* ist Menschenwürde? Welche gehaltvollen Konsequenzen hat die Anerkennung der Menschwürde im Hinblick auf unseren Umgang mit Menschen? Die berühmte dritte Formel des Kategorischen Imperativs, die wir bereits zitiert haben, gibt folgende Antwort: »Handle so, dass du die Menschheit, sowohl in deiner Person als in der Person einer jeden anderen jederzeit zugleich als Zweck, niemals bloss als Mittel gebrauchst.» (II, 429) Diese Formulierung ist aber ihrerseits in einem hohen Masse formal, denn wo die Grenze verläuft zwischen dem verbotenen Gebrauch des Menschen «bloss als Mittel» auf der einen Seite und dem erlaubten Gebrauch des Menschen *auch* als Mittel auf der anderen Seite, weil er jetzt *«zugleich* als Zweck» behandelt wird, bleibt unklar. «Bloss als Mittel» scheint zu bedeutet, dass die Behandlung eines Menschen in einem solchen Fall *ungerechtfertigt* ist. Wir wissen dann aber noch längst nicht, was gerechtfertigte von ungerechtfertigten Handlungen unterscheidet. Häufig wird Kants Würde-Formel auch als *Instrumentalisierungsverbot* charakterisiert.

Die Menschenwürde-Formel hat eine reiche Vorgeschichte. Ihre wichtigste und einflussreichste Fassung hat sie in der Ethik Immanuel Kants erhalten. Sie bezieht sich dort sowohl auf die Autonomie des Menschen als Träger oder Subjekt der Würde als auch auf ein formales Kriterium für unsere Handlungen.

11. Menschenwürde: rechtlich

Grosse Bedeutung erlangt hat die Würde-Formel vor allem in der Tradition und in den verschiedenen Deklarationen der *Menschenrechte.* Trotz der Unklarheiten im Einzelnen hat die «Menschenwürde» in ihrer durch Kant inspirierten Geschichte eine enorme Wirkung entfaltet. In der Präambel der «Charta der Vereinten Nationen» vom 26. Juni 1945 ist vom «Glauben an die Grundrechte des Menschen, an *Würde* und Wert der menschlichen Persönlichkeit» die Rede. In der Präambel der «Allgemeinen Erklärung der Menschenrechte» vom 10. Dezember 1948 wird «die Anerkennung der allen Mitgliedern der menschlichen Familie innewohnenden *Würde* und ihrer gleichen und unveräusserlichen Rechte» als «die Grundlage der Freiheit, der Gerechtigkeit und des Friedens in der Welt» genannt. Ebenfalls in der Präambel des «Internationalen Paktes über bürgerliche und politische Rechte» wird «die Anerkennung der allen Mitgliedern der menschlichen Gesellschaft innewohnenden *Würde* und der Gleichheit und Unveräusserlichkeit ihrer Rechte» rekurriert. Und der berühmte Artikel 1 («Schutz der Menschenwürde») aus dem «Grundgesetz der Bundesrepublik Deutschland» lautet: «1) Die *Würde* des Menschen ist unantastbar. Sie zu achten und zu schützen ist Verpflichtung aller staatlichen Gewalt. 2) Das deutsche Volk bekennt sich darum zu unverletzlichen und unveräusserlichen Menschenrechten als Grundlage jeder menschlichen Gemeinschaft, des Friedens und der Gerechtigkeit in der Welt. 3) Die nachfolgenden Grundrechte binden Gesetzgebung, vollziehende Gewalt und Rechtsprechung als unmittelbar geltendes Recht.»

Die Menschenwürde liegt in allen hier zitierten Texten einem Katalog von Menschenrechten und Grundrechten zugrunde, wobei letztere als die Positivierung von Menschenrechten, als deren Verankerung in das nationale Recht verstanden werden müssen. Es käme einer völligen Fehldeutung der Funktion der «Würdeformel» oder der «Menschenwürdeformel» gleich, wenn man sie nur als eine feierliche oder gar bloss dekorative Eröffnung eines Bestandes von Rechten deuten würde. Die soeben zitierte Verfassung der Bundesrepublik nennt die Würde nämlich als *ersten* Artikel in einer Liste weiterer Grundrechte. Mit anderen Worten: Der Schutz der Menschenwürde ist ein Grundrecht. Sowohl die Legislative als auch die Exekutive und Judikative sind an die Menschenwürde gebunden. Die zitierten Texte, die problemlos mit Zitaten aus anderen Texten vervollständigt werden könnten, verdeutlichen, wie sehr die Menschenwürde-Formel heute mit ihrer Übersetzung in die Sprache der Rechte (und natürlich auch der korrespondierenden Pflichten) betrachtet werden muss.

Auf diesem Hintergrund zeigt sich nun allerdings eine gewisse Zweischneidigkeit bzw. eine doppelte Funktion der Würde-Formel. Denn einerseits bildet sie das vor-positive Fundament oder die grundlegende Substanz von Menschenrechten und Grundrechten. Andererseits aber wird sie in den ethischen Debatten immer wieder unmittelbar als *moralisches* Handlungskriterium angewandt. Wenn man so will, haben wir es bis zu einem gewissen Grad mit zwei verschiedenen Bezugshorizonten zu tun, in denen die Würde-Formel eine zentrale Rolle spielt – mit dem Horizont des Rechts und mit dem Horizont der Moral. Diese Horizonte bilden keineswegs zwei verschiedene oder gar getrennte Welten, aber sie sind ebenso wenig als die zwei Seiten einer und derselben Medaille zu betrachten.

Die Menschenwürde-Formel hat einen herausragenden rechtlichen Stellenwert in den Menschenrechtendokumenten und, wie in der Verfassung der Bundesrepublik Deutschland, im Kontext von Grundrechten. Sie wird aber auch als Kriterium für die Moralität von Handlungen benutzt. Dieser zweifache Horizont verursacht Undeutlichkeiten.

12. Menschenwürde, Menschenrechte, Grundrechte: ein Begründungs- und Folgeverhältnis

In der Verfassung der Bundesrepublik Deutschland wird, wie in dem soeben zitierten Artikel 1 ersichtlich, ein Begründungsverhältnis etabliert: Aus der «Menschenwürde» (Abs. 1) als sein Grund folgt das Bekenntnis zu den «Menschenrechten» (Abs.2), die ihrerseits «Grundrechte» implizieren. Dieses Begründungsverhältnis gilt aber weit über die Verfassung Deutschlands hinaus als eine Begründungs- und Argumentationsfigur, die grosse Anerkennung geniesst. Auch in der Bundesverfassung der Schweizerischen Eidgenossenschaft wird die Menschenwürde-Formal an prominenter Stelle genannt. Im Artikel 7 heisst es: «Die Würde des Menschen ist zu achten und zu schützen.» In jüngeren Diskussionen über relevante medizinethische Sachverhalte wie beispielsweise die Sterbehilfe, die Pränataldiagnostik, die Beschneidung von Jungen oder die Organtransplantation wird diese Argumentationsfigur fast immer an prominenter Stelle angewandt. Im nationalen Kontext laufen solche Diskussionen regelmässig auf die *Abwägung* verschiedener Grundrechte untereinander hinaus bzw. auf die *Interpretation* und *Präzisierung* jener Rechte.

Unmittelbar auf den genannten Artikel 1 der Deutschen Verfassung folgt der in unserem Zusammenhang wohl wichtigste Artikel über «Allgemeine Handlungsfreiheit, Recht auf Leben, Körperliche Unversehrtheit, Freiheit der Person». Die für uns besonders relevante Passage (Artikel 2, Absatz 2) lautet: «Jeder hat das Recht auf Leben und körperliche Unversehrtheit. Die Freiheit der Person ist unverletzlich.» In ähnlicher Art und Weise folgen in der Schweizer Verfassung auf den genannten Menschenwürde-Artikel das im Artikel 10 genannte «Recht auf Leben und auf persönliche Freiheit». Der Absatz 2 lautet: «Jeder Mensch hat das Recht auf persönliche Freiheit; insbesondere auf körperliche Unversehrtheit und auf Bewegungsfreiheit». Es ist vor allem die *Autonomie*-Formel in ihrer medizinethischen Zuspitzung, die auf diesen Bestimmungen (und auf ähnlichen Formulierungen in anderen Verfassungen) beruht. Das Recht auf körperliche Unversehrtheit wird in diesen verfassungsrechtlichen Kontexten als ein primäres *Abwehrrecht* oder *Defensivrecht* interpretiert, wodurch alle medizinisch erforderlichen oder sinnvollen Eingriffe ohne Einwilligung der betroffenen Person oder ihrer gesetzlich bestellten Vertreter untersagt sind. Es ist wichtig, dass wir darauf hinweisen, dass Kants Autonomieformel, die wir soeben kennen gelernt haben, nicht mit diesem Verständnis von Autonomie korrespondiert. Wir werden im Folgenden noch näher auf die Autonomieproblematik im Hinblick auf John Stuart Mill und Immanuel Kant eingehen.

In vielen Fällen aber ist die Autonomie-Formel in ihrer grundrechtlichen bzw. abwehrrechtlichen Fassung keineswegs ausreichend, um medizinisch-ethisch umstrittene Sachverhalte hinreichend zu klären. Die erhitzte Diskussion in einigen europäischen Ländern über die Beschneidung von Jungen aus religiösen Gründen hat dies deutlich gezeigt. Denn neben dem Recht auf körperliche Unversehrtheit waren hier noch andere Grundrechte (wie die folgenden Grundrechte aus der Verfassung der BRD) betroffen: der Artikel 3 (Gleichheit vor dem Gesetz), der die Benachteiligung von Bürgern (unter anderem) wegen ihres Glaubens oder ihrer Religion verbietet; der Artikel 4 (Glaubens-, Gewissens- und Bekenntnisfreiheit), der die «Freiheit des Glaubens» und die «Freiheit des religiösen Bekenntnisses» gewährleistet, aber darüber hinaus auch «die ungestörte Religionsausübung» und der Artikel 6 (Ehe, Familie), der im Absatz 2 die «Pflege und Erziehung der Kinder» als das «natürliche Recht der Eltern» betrachtet. Allererst in der Abwägung *aller* relevanter Grundrechte kommen wir einer rechtlich (und moralisch) vertretbaren Lösung näher.

Die «Menschenwürde», die «Menschenrechte» und die «Grundrechte» stehen in einem sukzessiven Begründungsverhältnis. Ethische Konflikte, die einer rechtlichen Regelung bedürfen, werden entweder im Modus einer Interpretation oder Präzisierung eines Grundrechts oder mehrerer Grundrechte bzw. im Modus einer Abwägung verschiedener Grundrechte zu lösen versucht.

13. Menschenwürde: moralisch

Allerdings haben wir die moralische Relevanz der Menschenwürde-Formel bislang noch nicht ganz ausgelotet. Selbstverständlich verfügen sowohl die Vorgeschichte des modernen Rechts als auch die aktuelle Menschenrechte-

Kultur und die liberale Rechtskultur demokratischer Verfassungsstaaten über eine hohe moralische Substanz. Diese Rechtskulturen sind ethisch keineswegs neutral, sondern sie beruhen auf einem Menschenbild, das geprägt ist von einer Widerstandsgeschichte gegen Unterdrückung und Gewalt, von einer Emanzipationsgeschichte, die den «Ausgang aus Unmündigkeit und Ungleichheit» befördert hat und von einer – im Grundsatz – liberalen Moral. Dieser Sachverhalt hat nun aber keineswegs zur Folge, dass die «Moral» sich in das Recht aufgelöst hätte. Gerade besonders sensible Grundrechte, wie beispielsweise die gerade erwähnten, sind sowohl im Modus ihrer Interpretation als auch im Modus ihrer Abwägung untereinander immer wieder auf ethische Kommentare und Begründungen angewiesen, die über das Recht fallweise hinausgehen. Weder im Streit um die Sterbehilfe noch in den Debatten über Pränataltechnologien oder Organtransplantationen kann man sich auf den Diskurs des Rechts *allein* verlassen und auf ethische Interventionen verzichten. In solchen Fällen beruft man sich ebenfalls auf die Menschenwürde, aber dieses Mal als *moralisches* Kriterium der ethischen Urteilsfindung.

Allerdings kann die *blosse* Berufung auf die Formel auch hier nicht weiterhelfen. Es gibt zwei in diesem *ethischen* Zusammenhang gängige Verwendungsweisen, die aber beide unfruchtbar sind. Im einen Fall wird die Menschenwürde gleichsam als ein *autoritäres* Argument eingeführt, das die gegnerische Position, manchmal sogar auch die Person, die diese Position vertritt, disqualifizieren soll. Der ethische Gegner wird dann zum moralischen Feind. Im zweiten Fall verwendet man die Menschenwürde als ein Kürzel für eigene moralische Auffassungen, die scheinbar nicht näher begründet werden müssen. Die Menschenwürde wird dann zu einem *scheinbaren* Totalargument. Eine Abhilfe gegen solche unzulässige Reduktionen und Vereinfachungen liegt in einer disziplinierten Verwendung der «Menschenwürde» im Diskurs, also in einer *Diskursdisziplin* in ethischen Debatten, in welchen die Berufung auf die Menschenwürde eine Rolle spielt.

Diese disziplinierte Verwendung könnte in praktischer Hinsicht folgendermassen aussehen: Wir sollten uns auf die Menschwürde *am Anfang* einer Debatte berufen, wenn wir in besonders gravierenden Fällen ihre Verletzung oder ihre Missachtung *vermuten*. Dieser Rekurs auf die Menschenwürde ist dann aber lediglich eine *Indikation* für die starke moralische Relevanz, die ein bestimmter Kasus zu haben scheint. *Während* der Debatte klammern wir aber die Menschenwürde *sprachlich* aus. Wir berufen uns nicht mehr ausdrücklich auf die Menschenwürde. Das heisst natürlich nicht, dass sie – die Menschenwürde – nun nicht länger *inhaltlich* verhandelt wird. Aber durch den vorläufigen Verzicht auf *direkte* Menschenwürde-Argumente vermeiden wir eine unerwünschte Vereinfachung oder autoritäre Verzerrung der Urteilsfindung. Erst *am Ende* der Debatte, nachdem die Teilnehmer zu einem vernünftigen Ergebnis gekommen sind, das die Bemühung um ein ethisch angemessenes Urteil widerspiegelt, darf die Menschenwürde, gleichsam als Abschlussformel für den Diskurs, wieder verwendet werden. Die Formel ist dann Ausdruck des Konsenses. Diese sprachliche Einführung der Menschenwürde-Formel ist aber auch dann erlaubt, wenn man *nicht* zu einem Ergebnis gekommen ist. Die Formel ist dann Ausdruck eines Dissenses: Man ist der Meinung, dass die Menschenwürde immer noch auf dem Spiel steht.

Aber die Rolle der Menschenwürde-Formel in ihrer *moralischen* Fassung lässt sich auch positiv deuten: Die Menschenwürde-Formel in ihrer *rechtlichen* Fassung ist immer wieder angewiesen auf Kommentare und Vorschläge aus der Perspektive der Moral. Allerdings müssen solche moralischen Stellungnahmen, beispielsweise über den Status eines Embryos, anschlussfähig sein an die Sprache des Rechts.

Folgendes Zitat eines Verfassungsrichters bringt die schwierige Lage der «Menschenwürde» im juristischen und ethischen Diskurs hervorragend auf den Begriff. Es «darf dieser Quellcode unseres Menschenbildes nicht missverstanden werden als eine juristische Zauberformel, mit der jede Unterscheidung von Sachverhalten übertüncht, alle Zerklüftung der modernen Zivilisation überbrückt werden könnte. Die Würde des Menschen ist kein Argumentationsschatz, aus dem man sich beliebig bedienen kann, etwa um einen gut ausgebauten Sozialstaat […] oder ethische Grenzen der Präimplantationsdiagnostik zu ermitteln. Die rechtsförmige Diskussion über die Würde des Menschen und die Auslegung durch die Richter sind ihrerseits, weit mehr als man denkt, von den ethischen Auffassungen der Bürger einer Kulturgemeinschaft abhängig. Diese moralische Urteilskraft ist in dem Wissen von gesellschaftlichen Institutionen gespeichert.» (Udo Di Fabio, XIII)

Nebst ihrer juristischen Funktion hat die «Menschenwürde» auch eine genuin ethische Funktion. Sie ist aber auch hier keine simple Problemlösungsformel. Ihre Verwendung im ethischen Diskurs sollte diszipliniert erfolgen.

14. Zur Operationalisierung der Menschenwürde

Auf die «Menschenwürde» können wir offenbar nicht verzichten, obzwar wir sie diszipliniert und sparsam verwenden sollten. Wie kann man die Menschenwürde aber angemessen *operationalisieren?* Sowohl im Diskurs des Rechts als auch im Diskurs der Moral darf die Berufung auf die Menschenwürde nicht zu einer Berufung auf eine Leerformel werden. Die Skepsis angesichts der «Menschenwürde», sogar ihre Herabsetzung als «conversation stopper», hat mit der willkürlichen und nicht selten autoritären Verwendung dieser Kategorie in vielen ethischen Diskussionen zu tun. Wer sich auf die Menschenwürde bezieht, läuft Gefahr, eine Problemlage mittels eines vermeintlichen Königsarguments entscheiden zu wollen, bevor die Diskussion überhaupt angefangen hat. Der Ethiker und Philosoph Dieter Birnbacher hat einen wichtigen (und gelungenen) Versuch unternommen, eine möglichst ideologiefreie Operationalisierung zu entwerfen. Wir werden uns im Folgenden immer wieder an Birnbachers Ausführungen halten.

Nun enthält der Begriff der Menschenwürde, wie immer er im Einzelnen gehandhabt wird, einen weitestgehend unumstrittenen Kerngedanken, der wie folgt lautet: Alle Menschen – jedes Individuum und die Gattung als solche – haben eine besondere Wertigkeit. Die *biologische* Gattungszugehörigkeit «homo sapiens» – ein naturalistisches Kennzeichen also – stattet jeden Menschen mit einem *besonderen* normativen Status aus. Diese Menschen*würde* ist unabhängig von den *jeweiligen* Fähigkeiten, Leistungen und Entwicklungsstadien.

Die Menschenwürde zeichnet den Menschen demnach aus als ein Wesen, das in *besonderer* und qualitativ *einmaliger* Weise, also anders als im Falle der Behandlung von Tieren, moralische Rücksichten entstehen lässt. Aus dieser ersten Charakterisierung schlussfolgert Birnbacher drei Konsequenzen: 1) Die Menschenwürde hat einen *Egalitarismus* zur Folge. Das bedeutet, dass *alle* Menschen, unabhängig davon, ob sie alle Potenzialitäten, die für die Gattung typisch sind, verwirklichen können, Würde besitzen. Menschen, die nicht über Selbstbewusstsein, Handlungsfähigkeit oder Moralität im Vollsinn dieser Begriffe verfügen, fallen nicht aus dem Band jener Wesen heraus, die Würde haben. 2) Die Menschenwürde hat einen *Speziesismus* zur Folge. Mit Speziesismus ist eine Position gemeint, die den Wesen einer bestimmten Gattung, in unserem Falle also der Gattung «homo sapiens», einen *besonderen* moralischen Status zuspricht. «Besonders» meint hier, dass Menschen in moralischer Hinsicht einen *privilegierten* Status besitzen. Und «privilegiert» meint wiederum, dass wir eine grössere Verantwortung für Mitglieder der eigenen Gattung haben als für andere Lebewesen. 3) Die Menschenwürde hat eine *Nichtabstufbarkeit* zur Folge. Menschen haben eine Würde oder keine Würde. So etwas wie eine halbe oder dreiviertel Menschenwürde gibt es nicht.

Die Menschenwürde erkennt der Gattung des «homo sapiens» einen *besonderen* und einen *ausgezeichneten* moralischen Status zu. Aus ihm folgen Egalitarismus, Speziesismus und Nichtabstufbarkeit.

15. Drei Kreise der Menschenwürde

Die genannten Kennzeichen reichen aber noch längst nicht aus, um wissen zu können, was die Menschenwürde *inhaltlich* im Hinblick auf Handlungssituationen und Handlungskonflikte impliziert. *In welcher Hinsicht* sind Menschen gleich (Egalitarismus), *wie weit reicht* das Privileg der Gattungszugehörigkeit (Speziesismus) und *wie können wir abwägen,* wenn wir die Nichtabstufbarkeit berücksichtigen müssen? Diese Fragen lassen sich nicht vermeiden und es käme einer Simplifizierung der «condition humaine» nahe, wenn wir, statt dass wir das schwierige Gelände *konkreter* Handlungskonflikte betreten, uns immer wieder in die abstrakte Trutzburg des *blossen* Wortes «Menschenwürde» zurückziehen würden. Eine solche Ethik wäre auf der Flucht vor der Realität. Birnbacher unterscheidet deshalb drei Anwendungskreisen der Menschenwürde, die ausserordentlich stark an unsere alltäglichen Intuitionen anschliessen. Unter «Anwendungskreis» verstehen wir hier den Bereich der Adressaten, der «Moral Patients» der Menschenwürde. Die drei Kreise markieren jeweils Unterschiede in der Intensität unserer moralischen Verantwortung.

Der erste Anwendungskreis bezieht sich auf alle geborenen Menschen. Die Menschenwürde hat in diesem Bereich eine starke bzw. ihre stärkste normative Bedeutung. Nennen wir sie *Menschenwürde I.* Dass die Geborenen den primären Adressatenkreis unserer Verpflichtungen und sie die Subjekte starker moralischer Ansprüche sind, lässt sich weder lebensweltlich noch aus Sicht der Tradition leugnen. In diesem Sinne sagt Volker Gerhardt ganz zu Recht: «Der Akt der Menschwerdung ist die Geburt. [...] Ein menschliches Individuum ist ein eigenständiges Wesen, das den schützenden und nährenden Leib der Mutter verlassen hat.» (Volker Gerhardt 41/44) Der zweite Anwendungskreis bezieht sich auf menschliche Wesen, die entweder noch nicht geboren oder nicht mehr am Leben sind, in letzterem Falle also auf den Umgang mit menschlichen Leichnamen. Hier hat die Menschenwürde eine schwächere Bedeutung. Nennen wir sie *Menschenwürde II.* Der dritte Anwendungskreis bezieht sich auf die Gattung als solche. Hier hat die Menschenwürde ihre *schwächste* Bedeutung. Nennen wir sie *Menschenwürde III.*

Die Unterscheidung dieser drei Bereiche ist keineswegs neu oder revolutionär. Sie ist als solche ebenso wenig moralisch bedenklich. Wie gesagt – sie entspricht unseren gut fundierten und traditionellen moralischen Intuitionen. Ein einfaches (und klassisches) Beispiel vermag das zu verdeutlichen: Die Menschenwürde einer schwangeren Frau (Menschenwürde I) wiegt schwerer als die Menschenwürde eines ungeborenen Kindes (Menschenwürde II), weshalb in einem Konfliktfall das Leben der werdenden Mutter einen stärkeren Schutz geniesst als das des Ungeborenen. Die Würde der Gattung (Menschenwürde III), sofern diese sich beispielsweise auf künftige Generationen bezieht, also auf künftige Lebewesen ohne ein aktuelles individuelles Profil, hat in moralischer Hinsicht schwächere moralische Konsequenzen als solche, die wir gegenüber *jetzt* lebenden Individuen haben. «Schwach» bedeutet im Übrigen nicht, dass unsere Verantwortung in letzterem Zusammenhang nur noch eine Restfunktion hätte. Wir werden gleich sehen, dass das nicht so ist.

Die Menschenwürde kann anhand drei verschiedener Anwendungskreise näher bestimmt werden: die Menschenwürde I, die sich auf alle Geborenen bezieht, die Menschenwürde II, die sich auf das vorgeburtliche Leben und auf Tote bezieht, die Menschenwürde III, die sich auf die Gattung bezieht.

16. Unabwägbare moralische Rechte

Wie lassen sich die Verpflichtungen, die man angesichts der Adressaten der starken Menschenwürde I hat, konkretisieren? In diesem Fall benutzen wir die Sprache moralischer Rechte, die teils juristisch (im Sinne der Grundrechte) und deshalb auch strafrechtlich sanktioniert sind. Wenn wir von moralischen Rechten sprechen, können auch Verpflichtungen gemeint sein, die nicht gänzlich in der Sprache des Rechts (law) erfasst werden müssen. Wer zu jenem ersten Adressatenkreis gehört, ist demnach *Träger moralischer Rechte.* Wer solche Rechte hat, hat einen Anspruch auf negative (Unterlassungs-) und positive (Handlungspflichten) Dritter. Wenn die Person «A» Träger der Menschwürde I ist, sind andere dazu verpflichtet, ihr gegenüber bestimmte Handlungen zu unterlassen und andere Handlungen auszuführen. Birnbacher nennt in diesem Zusammenhang fünf moralische Rechte, die – und das ist äusserst wichtig – *unabwägbar* sind. Unabwägbar meint, dass jedes einzelne Recht eine von den Umständen unabhängige Geltung besitzt und dass die Rechte nicht gegeneinander abgewogen werden können, allenfalls in extremen Situationen. Im Hinblick auf die anfangs genannten normativ-ethischen Theorien sind diese Rechte *deontologischer* Natur: Sie gelten nämlich unabhängig von ihren Folgen. Über allen nun folgenden fünf Rechten steht – gewissermassen als Fokus und Klammer – das im Grundsatz unbestrittene und fundamentale Lebensrecht.

Diese Rechte sind: «1. das Recht, von Würdeverletzungen im Sinne der Verächtlichmachung und Demütigung verschont zu bleiben, 2. das Recht auf ein Minimum an Handlungs- und Entscheidungsfreiheit, 3. das Recht auf Hilfe in unverschuldeten Notlagen, 4. das Recht auf ein Minimum an Lebensqualität im Sinne von Leidensfreiheit und 5. das Recht, nicht ohne

Einwilligung und in schwerwiegender Weise zu fremden Zwecken instrumentalisiert zu werden.» (Birnbacher 2004, 254 f.) In diesen fünf moralischen Rechten sind zahlreiche Standards unserer moralischen Normen und Werte enthalten. Immer wieder ist allerdings von einem *Minimum* die Rede. Diese Grenzziehung ist wichtig: Das moralische Recht 2 beispielsweise impliziert sowohl die Gewissensfreiheit als auch die sogenannte negative Handlungsfreiheit (die Freiheit, zu tun, was man will bzw. von anderen nicht gehindert zu werden, bestimmte Dinge zu tun). Aber weder die Gewissensfreiheit noch die negative Handlungsfreiheit gelten in maximalistischer Hinsicht, geschweige denn absolut. Eine solche Interpretation würde unsere Moral gänzlich aushebeln und infolgedessen das Zusammenleben der Menschen sprengen. Im Hinblick auf die Medizinethik ist folgendes Zitat in diesem Zusammenhang äusserst instruktiv.

«Unabwägbarkeit bedeutet, dass es Dinge gibt, die einem Menschen unter keinen Umständen, und auch dann nicht, wenn schwerwiegende gute Gründe dafür zu sprechen scheinen, zugemutet werden dürfen. Allerdings ist diese Unabwägbarkeit nur dann aufrechtzuerhalten, wenn der Gehalt des Menschenwürdebegriffs bewusst minimalistisch interpretiert wird. ‹Minimalistisch› heisst, dass die im Menschenwürdebegriff enthaltenden Rechte lediglich als Rechte auf ein Minimum der jeweiligen Grundgüter verstanden werden dürfen. Es heisst darüber hinaus, dass die Menschenwürde nicht so verstanden werden kann, dass auch ein umfassendes ‹Recht auf Leben› zu ihren Inhalten gehört. Würde der Menschenwürdebegriff ein Recht auf Leben beinhalten, würde dies als absolut gelten müssen, was jedoch kaum plausibel wäre und allenfalls von Pazifisten anerkannt würde. Weder ein Recht auf Leben im Sinne eines Rechts, unter allen Umständen nicht getötet zu werden noch ein Recht auf Leben im Sinne eines Rechts, unter allen Umständen am Leben erhalten zu werden, ist als Recht weithin anerkannt. Alle Rechtssysteme erlauben die Tötung im Verteidigungskrieg oder in Notwehr – das deutsche Rechtssystem sogar dann, wenn das gefährdete Rechtsgut nicht das Leben, sondern die körperliche Integrität oder das Eigentum ist. Anders als die Menschenwürde steht das Recht auf Leben und körperliche Unversehrtheit im deutschen Grundgesetz unter ausdrücklichem Gesetzesvorbehalt. Noch weniger wird ein absolutes Recht auf Lebenserhaltung anerkannt. Bei irreversibel Bewusstlosen gilt das Sterbenlassen durch Behandlungsabbruch überwiegend als zulässig wie auch bei anenzephal geborenen Säuglingen, die keine Chance auf ein bewusstes Erleben haben. Darüber hinaus wird Patienten gemeinhin kein uneingeschränktes Recht auf Behandlungen zugestanden, bei denen der Aufwand in keinem angemessenen Verhältnis zu den Chancen einer Lebensverlängerung zu stehen scheint. Implizierte der Menschenwürdebegriff dagegen ein absolutes und uneingeschränktes Recht auf Lebenserhaltung, müssten beliebig hohe Ressourcen aufgewendet werden, um ein Leben auch nur um einen Tag zu verlängern, solang dies ohne Verletzungen der Menschenwürde anderer möglich ist.» (Birnbacher 2004, 258 f.)

Die Menschenwürde im starken normativen Sinne hat unabwägbare moralische Rechte zur Folge. Die Rechte dürfen allerdings ihrem Gehalt nach nicht mit maximalistischen Interpretationen unwirksam gemacht werden.

17. Abwägbare Verpflichtungen

Die Menschenwürde II, also die moralisch schwächere Fassung der Menschenwürde, bezieht sich auf das ungeborene Leben und auf die Verstorbenen. Die Schutzpflichten, die wir gegenüber Föten, Embryonen und Leichnamen haben, sind in normativer Hinsicht also anders zu gewichten als bei den Adressaten der Menschenwürde I. Was hier zur Disposition steht, sind also keine unabwägbaren Rechte, sondern der Schutz des «Humanums», wie es Birnbacher nennt. Nun ist der Schutz des «Humanums» keineswegs eine zu vernachlässigende Grösse. Auch die Berücksichtigung dieses «Humanums» kann erhebliche Schutzvorkehrungen implizieren. Aber sie stehen nicht auf einer Stufe mit den Anforderungen des stark normativen Begriffs der Menschenwürde I.

In diesem Zusammenhang hat Birnbacher zu Recht auf die erheblichen Schwierigkeiten hingewiesen, die aufgrund einer solchen gleichen Einstufung entstehen würden. Sein erstes Argument lautet sinngemäss: Wer meint, den normativ starken Menschenwürdeschutz über die Geborenen hinaus auf alle vorgeburtlichen Stufen und auch auf Verstorbene ausdehnen zu müssen, riskiert eine Reaktion, die seinem Anliegen diametral entgegensteht. Eine solche Ausdehnung ist nicht nur in den zahllosen realen Problemsituationen, die Gegenstand einer moralisch verantwortbaren Entscheidung sein müssen, völlig unanwendbar. Diese Zusammenlegung der Adressaten von Menschenwürde I und II hätte womöglich zur Folge, dass die strengen moralischen Rechte, die aus der Menschenwürde I abgeleitet werden müssen, aufgeweicht werden durch den *vergleichsweise* schwächeren Schutz, der aus der Menschenwürde II erfolgt.

Das zweite Argument lautet: Der Begriff eines strengen moralischen Rechts hat ein Subjekt zur Voraussetzung, das Träger dieses Rechts ist. Natürlich können wir rein *grammatikalisch* auch Embryonen oder Leichname zum Subjekt von Rechten machen. Aber dieser grammatikalischen Zuweisung entspricht kein *reales* Subjekt. Wenn man Föten oder Leichname als reale Subjekte bezeichnen würde, die sie sein müssten, falls sie moralische Rechte im strengen Sinne hätten, hätte man einen einigermassen plausibilisierbaren Subjektbegriff aufgelöst. Es macht keinen Sinn, einen Fötus oder einen Leichnam als ein Subjekt oder als eine Person zu bezeichnen, denn sie verfügen über keine Merkmale menschlicher Personalität wie Selbstbewusstsein, Handlungsfähigkeit oder Entscheidungsfreiheit.

Das dritte Argument weist völlig zu Recht darauf hin, dass einige der fünf moralischen Grundrechte auf die Adressaten von Menschenwürde II nicht angewandt werden *können:* Embryonen können nicht gedemütigt werden; Leichname haben keine Entscheidungsfreiheit und verkehren nicht in Notlagen. Die Rechte 4 und 5 sind gleichwohl anwendbar: das Recht auf Leidensfreiheit betrifft empfindungsfähige Föten; das Recht, nicht zu fremden Zwecken instrumentalisiert zu werden, betrifft sowohl Föten wie auch Leichname. Aber diese Anwendung der Rechte 4 und 5 auf die Adressaten der Menschenwürde II kann in vielen Situationen sehr wohl abgewogen werden gegen die starken moralischen Rechte der geborenen Menschen. Die Abtreibung ist innerhalb bestimmter Fristen erlaubt. In diesem Falle ist von einer Grenzsituation und einem Entscheidungskonflikt die Rede, der Achtung und Respekt vor dem ungeborenen Leben *voraussetzt.*

Unsere Pflichten gegenüber den Adressaten von Menschenwürde II sind schwächer als jene, die aus den Rechten der Adressaten von Menschenwürde I hervorgehen. «Während die Rechte aus dem starken Menschenwürdebegriff unabwägbar sind, sind die Pflichten aus dem schwachen Menschenwürdebegriff abwägbar gegen anderweitige Rechte und Pflichten.» (Birnbacher 2004, 261) Man kann also von einem *Gradualismus* der Rechte und der korrespondierenden Pflichten sprechen. Die Menschenwürde III, die sich auf die Gattung bezieht, kommt vor allem zum Zuge im Rahmen von biologischen und medizintechnologischen Eingriffen. Die Implikationen dieses Menschenwürdebegriffs werden wir im dritten Mantelbüchlein («Anwendungen») ausführlich diskutieren.

Die Menschenwürde II (das ungeborene Leben und der Umgang mit Verstorbenen) hat auf der Seite der handelnden Personen erhebliche Verpflichtungen zur Folge, die aber abwägbar sind angesichts der unabwägbaren Rechte jener Geborenen, die den Bereich der Menschenwürde I ausmachen.

18. Mill und die Autonomie

Die «Autonomie» gehört zu den zentralen Kategorien der modernen Ethik. In den Ethiken von Immanuel Kant und John Stuart Mill gelangt sie zu grosser Prominenz, allerdings mit einer äusserst unterschiedlichen Signatur. Heute fassen wir sie vor allem als das Recht individueller Selbstbestimmung auf, weshalb wir uns erst mit Mill befassen, der auf diese Auffassung den allergrössten Einfluss gehabt hat. Das folgende Zitat aus seiner Schrift «Über die Freiheit» (1859) kann dies eindrücklich belegen. Das Prinzip, das seiner Abhandlung zugrunde liegt, wird folgendermassen umschrieben:

> «Dieses Prinzip lautet: dass der einzige Grund, aus dem die Menschheit, einzeln oder vereint, sich in die Handlungsfreiheit eines ihrer Mitglieder einzumengen befugt ist, der ist: sich selbst zu schützen. Dass der einzige Zweck, um dessentwillen man Zwang gegen den Willen eines Mitglieds einer zivilisierten Gemeinschaft rechtmässig ausüben darf, der ist: die Schädigung anderer zu verhüten. Das eigene Wohl, sei es das physische oder das moralische, ist keine genügende Rechtfertigung. Man kann einen Menschen nicht rechtmässig zwingen, etwas zu tun oder zu lassen, weil dies besser für ihn wäre, weil es ihn glücklicher machen, weil der nach Meinung anderer klug oder sogar richtig handeln würde. […] Nur insofern sein Verhalten, andere in Mitleidenschaft zieht, ist jemand der Gesellschaft verantwortlich. Soweit der dagegen selbst betroffen ist, bleibt seine Unabhängigkeit von Rechts wegen unbeschränkt. Über sich selbst, über seinen Körper und Geist ist der einzelne souveräner Herrscher.» (Kap. I)

Die Bedeutung dieser Gedanken für die Begründung der Gedankenfreiheit und für die Begrenzung staatlicher Eingriffe in das Selbstbestimmungsrecht eines Individuums kann nicht hoch genug eingeschätzt werden. Menschen sind nicht länger in Gemeinschaften inkorporiert. Kollektive haben nur begrenzte moralische und rechtliche Zugriffsmöglichkeiten auf die Individuen. Der Einzelne steht der politischen Gemeinschaft als ein Individuum mit weitreichenden Selbstbestimmungsmöglichkeiten gegenüber. Nur im Falle der Schädigung Dritter sind ihm Schranken auferlegt. Aufgrund dieses Rechts auf Autonomie und des damit verbundenen Abwehrrechts angesichts fremder Ansprüche hat der Einzelne sogar die Freiheit zu selbstschädigendem Verhalten. Eine solche Autonomie steht in Opposition zu einem politischen oder moralischen Paternalismus. Dieses Verständnis von Autonomie hat eine starke defensive Ausrichtung, weshalb Anspruchsrechte im engeren Sinne oder soziale Verpflichtungen nur schwer begründet werden können.

Autonomie bedeutet heute in erster Instanz das Recht auf Selbstbestimmung und die Beschränkung des moralischen und rechtlichen Zugriffs Dritter auf das Tun und Lassen des Einzelnen. Der Paternalismus, der behauptet zu wissen, was für andere das Gute ist, wird in die Schranken gewiesen.

19. Entscheidungsfreiheit und die Schwächung von Anspruchsrechten

Über das eigene Wohl entscheidet der Einzelne, auch wenn er sich nach Ansicht Dritter einen Schaden zufügt. Er hat weder seinen Körper noch seinen Geist lediglich zur treuhänderischen Verwaltung verliehen bekommen, sondern er ist deren legitimer Besitzer, so Hume. «Jeder schützt seine eigene Gesundheit, sei sie körperlicher, geistiger oder seelischer Natur, am besten selbst.» (Kap. I) In dieser Formulierung wird die Zweischneidigkeit einer solchen Auslegung der Autonomie deutlich: Die Autonomie als eine Form der Selbstbestimmung, die sich defensiv gegenüber den Bestimmungsversuchen anderer verhält, kann nur schwache Anspruchsrechte begründen. Andere Personen dürfen meinen Selbstverwirklichungsversuchen, solang diese Dritte nicht schädigen, keine Grenzen setzen. Ich kann von ihnen dann aber auch nur weniges verlangen. Sie schulden mir nicht viel. Meine Anspruchsrechte oder Einforderungsrechte gegenüber Dritten werden aber auf diesem Wege geschwächt. Die Solidarität, die wir einander schulden, erleidet solchermassen einen ernsten Schaden. Darüber hinaus wird *dieses* Verständnis von Autonomie häufig mit der positiven und gehaltvollen Vorstellung verbunden, Menschen seien von Natur geneigt, sich zu entfalten und ihre Fähigkeiten zu realisieren. Mill lehnt die Möglichkeit der Selbsttötung aber ebenso ab, wie er auch die Autonomie nicht als totale Entscheidungsfreiheit verstanden haben will. In unserer Gesellschaft steht allerdings die Selbstbestimmung als weitreichende Entscheidungsfreiheit im Zentrum der Autonomiekonzepte.

Autonomie als Selbstbestimmung wird heute vor allem als Entscheidungsfreiheit und weniger als gehaltvolle Verwirklichung verschiedener Fähigkeiten verstanden. Diese Konzeption läuft Gefahr, die Anspruchsrechte gegenüber Dritten ernsthaft zu schwächen.

20. Nützlichkeit

In diesem Konzept richtet sich die Selbstbestimmung vor allem auf die Vermehrung des Nutzens – für die eigene Person und für die Gesellschaft. Das utilitaristische Nutzenverständnis ist heute tief verankert in unserer Kultur. Zwar sollte man sich hüten, diese Ausrichtung auf einen «Nutzen» vorschnell zu verunglimpfen. Er umfasst sowohl das Glück (in einem durchaus anspruchsvollen Sinne wie beispielsweise die soziale Sicherheit) als auch den Genuss in seinen verschiedenen Varianten. Aber es dominiert in unserer Gesellschaft die hedonistische Komponente: die Lust. Die Autonomie in ihrer utilitaristischen Deutung wird vor allem verstanden als ein Recht, den (eigenen) Nutzen zu maximieren. Man kann dieser Auffassung den Vorwurf der Einseitigkeit kaum ersparen. Denn das Recht ist hier nicht nur dazu da, das persönliche und gesellschaftliche Glück zu vermehren. Es *beruht* vielmehr auf dem gesellschaftlichen Nutzen. Schwerwiegender Natur ist demnach diese Koppelung eines Rechtes an die Nützlichkeit. Der Vorwurf, der dem Utilitarismus oft gemacht wird, er könne keine Grundrechte fundieren, die auch unabhängig von einer wie immer gearteten Nützlichkeit existieren und dem Menschen nicht aberkannt werden können, hat hier sein Fundament. Dazu schreibt Mill in seinem anderen Hauptwerk, «Der Utilitarismus»:

«Wenn wir von dem Recht einer Person sprechen, meinen wir damit, dass die Person von der Gesellschaft verlangen darf, im Besitz dieses Rechtes durch gesetzliche Gewalt bzw. durch den Einfluss der Erziehung und der öffentlichen Meinung geschützt zu werden. […] Ein Recht zu haben, bedeutet demnach, etwas zu haben, das mir die Gesellschaft schützen sollte, während ich es besitze. Wenn nun jemand fragt, warum sie das tun sollte, kann ich ihm keinen anderen Grund nennen als die allgemeine Nützlichkeit.» (Kap. V)

Autonomie als Selbstbestimmung ist in ihrer utilitaristischen Variante an die Auffassung gekoppelt, das Recht der Selbstbestimmung beruhe auf seiner gesamtgesellschaftlichen Nützlichkeit.

21. Kant und die Autonomie

Eine gegengesetzte Auffassung finden wir in der Moralphilosophie Immanuel Kants. Die Autonomie wird hier mit dem *Willen* in Zusammenhang gebracht. Allerdings ist hier nicht das Streben des Menschen gemeint, seine Präferenzen realisieren zu wollen. Der Wille in der Kantischen Deutung richtet sich nicht so sehr auf einen Inhalt als vielmehr auf ein Vermögen. *Der Wille ist das Vermögen vernunftkonformen Entscheidens.* Die berühmte Formulierung lautet:

«Autonomie des Willens ist die Beschaffenheit des Willens, dadurch derselbe ihm selbst (unabhängig von aller Beschaffenheit der Gegenstände des Wollens) ein Gesetz ist. Das Prinzip der Autonomie ist also: nicht anders zu wählen als so, dass die Maximen seiner Wahl in demselben Wollen zugleich als allgemeines Gesetz mit begriffen seien.» (Grundlegung, Zweiter Abschnitt, 440)

Die Autonomie hat also mit einem Vermögen zu tun – mit dem Willen – und nicht mit dem Recht einer Person, sich und seine Fähigkeiten entfalten oder sich ohne Einmischung Dritter verwirklichen zu können. Autonomie heisst also *wollen* und *wählen* können. Und das, was gewählt wird, ist die Perspektive des Gesetzes, d.h. die Perspektive der Verallgemeinerung. Dies ist eine gravierende Einschränkung angesichts der utilitaristischen Auffassung und unserer heutigen «Common-sense»-Vorstellungen über Autonomie. Nicht das Selbst («autos») steht hier nämlich im Fokus, sondern seine Unterwerfung unter das Gesetz («nomos»). Kants Auffassung entspricht also der Wortbedeutung von Autonomie: Die handelnde Person *gibt* sich selber das Gesetz, sie *ist* aber nicht das Gesetz. In der heute gängigen Übersetzung als «Selbstbestimmung» ist Kants Autonomie-Auffassung nur noch schwer wiederzuerkennen: Wir betonen die *Selbst*bestimmung, Kant würde die Selbst*bestimmung* hervorheben.

Autonomie in der Fassung von Immanuel Kant hat mit dem Willen als dem Vermögen vernunftkonformen Entscheidens zu tun. Diese Form von Selbstbestimmung hat wenig mit Selbstbestimmung im heutigen Sinne zu tun.

22. Handlungen verallgemeinern

Aufgrund der Autonomie der Person, aufgrund seiner Fähigkeit, zu wollen und zu wählen, fügt die Person sich in die Welt moralisch qualifizierter Handlungen ein. Autonomie heisst hier keineswegs, dass die *eigenen* Präferenzen oder Vorlieben im Vordergrund stehen dürfen, sondern ist streng bezogen auf die *Gesetze* des Handelns. Für Kant hängt die moralische Qualität unserer Handlungen nämlich davon ab, ob wir sie verallgemeinern können: Nur wenn unsere Handlungen den Test der Verallgemeinerungsfähigkeit überstehen, können sie als moralisch betrachtet werden. Geprüft werden genauer gesagt unsere «Maximen». Darunter versteht Kant praktische Handlungsurteile, die wir tatsächlich fällen, aber auch unsere Intentionen, bestimmte Ziele handelnd zu realisieren. Es wird demnach der moralische Charakter unserer (faktischen) Maximen geprüft, indem ihre Verallgemeinerungsfähigkeit auf den Prüfstand kommt. Die Grundformel des Kategorischen Imperativs lautet demnach: «Handle nur nach derjenigen Maxime, durch die du zugleich wollen kannst, dass sie ein allgemeines Gesetz werde.» (Grundlegung, Zweiter Abschnitt, 421) Diese Grundformel wird, wie wir bereits gesehen haben, häufig als «Naturgesetzformel» bezeichnet: Der Handelnde muss *wollen* können, dass seine (jeweilige) Maxime *verallgemeinert* werden kann. Auf diesem Wege versucht Kant, alle partikulären Elemente – das, was nur für mich oder für wenige gültig ist – aus der Ethik zu bannen. Er ist auf der Suche nach einer Objektivität des Urteils. Autonomie als Selbstbestimmung heisst nun, die eigenen Handlungsurteile (das «Selbst») dem Test der Verallgemeinerungsfähigkeit zu unterwerfen (die «Bestimmung»).

Autonomie als Selbstbestimmung ist in ihrer Kantischen Variante an die Auffassung gekoppelt, Handlungen bzw. Handlungsurteile (Maximen) müssen verallgemeinert werden können.

23. Autonomie als Grund der Würde

Auch der zweiten Formel des Kategorischen Imperativs sind wir bereits begegnet. Sie wird häufig die «Selbstzweckformel» genannt. Wir wiederholen sie hier noch einmal: «Handele so, dass du die Menschheit, sowohl in deiner Person, als in der Person eines jeden anderen, jederzeit zugleich als Zweck, niemals bloss als Mittel gebrauchst.» (Zweite Abschnitt, 429) Diese Formel wird auch als *Menschenwürde*-Formel bezeichnet: Die Menschenwürde gebietet, eine Person nicht zu instrumentalisieren, sondern sie als Selbstzweck zu respektieren. «Instrumentalisierung» heisst, dass wir Personen *gänzlich* zu eigenen Zwecken gebrauchen bzw. missbrauchen und ihre eigene Würde aus dem Blick gerät. Dies schliesst demnach nicht aus, dass wir einander *auch* als Mittel zu bestimmten Zielen, die wir erreichen wollen, betrachten.

Allerdings sagt die Formel nicht von sich aus bereits, wo die Grenze zwischen einem erlaubten Umgang mit Personen als Mittel zu unserer Zielerreichung einerseits und ihrer blossen Instrumentalisierung andererseits genau zu ziehen ist. Die Frage, *warum* wir Menschen in ihrer Würde respektieren sollten, ist damit noch nicht beantwortet. Ebenfalls in seiner «Grundlegung zur Metaphysik der Sitten» gibt Kant eine klare Auskunft. Es ist genau die Autonomie als die Fähigkeit des Menschen, seine Handlungsmaximen der Gesetzesprüfung unterwerfen zu können, also wählen, wollen und sich bestimmen zu können, welche die Pflicht, seine Würde zu respektieren, begründet: «Autonomie ist also der Grund der Würde der menschlichen und jeder vernünftigen Natur.» (Zweiter Abschnitt, 436) Diese Gründung der Würde in der Autonomie ist allerdings nicht unproblematisch. Scheint sie doch zu suggerieren, dass nur Wesen, die über die besagte, durchaus anspruchsvolle Autonomie verfügen, auch Würde besitzen. Ob Kant dieser Formulierung zustimmen würde, können wir nicht diskutieren. Aber die Verknüpfung von Würde mit einer durchaus anspruchsvollen Auffassung über die Fähigkeiten, die Menschen haben müssen, damit sie Autonomie besitzen, ist in der jüngeren Ethik immer wieder behauptet worden.

Autonomie als die Fähigkeit, die eigenen Handlungsmaximen dem Test der Verallgemeinerung unterwerfen zu können, wird immer wieder auch als Grund der Würde aufgefasst. Diese Koppelung ist aber nicht ungefährlich.

24. Patientenautonomie – eine Differenzierung

Wenn wir heute von Patientenautonomie sprechen, tun wir das gewissermassen in einer Mischung aus Kant und Mill. *Mit* Mill und unter Berufung auf die *Selbst*bestimmung sind wir der Meinung, dass niemand (abgesehen von Notfallsituationen) das Recht hat, ohne unsere Einwilligung oder Zustimmung medizinische Handlungen an unserem Körper zu vollziehen. Wenn wir uns aber fragen, weshalb das so ist, berufen wir uns auf die Menschenwürde in der Tradition Kants, die mit fundamentalen Menschen- und Bürgerrechten verbunden ist. Aus der Menschenwürde lässt sich das *Recht* auf körperliche Unversehrtheit *ableiten,* welches der Patientenautonomie *zugrunde liegt.* Letztere wäre in der konsequentialistischen bzw. utilitaristischen Theorie Mills in schlechten Händen: Nützlichkeit ist ein bedenklicher Ratgeber in Angelegenheiten von Grundrechten.

Ein angemessenes Verständnis von Autonomie im Rahmen einer Medizinethik verlangt allerdings erhebliche Differenzierungen. In der Medizinethik von Beauchamp und Childress bezieht sich das Autonomie-Prinzip sowohl auf die informierte Zustimmung («informed consent») als auch auf die informierte Ablehnung («informed refusal»). Aber sie ist auch grundlegend für das Vertrauen oder für die Verschwiegenheit («confidentiality») in der medizinischen Beziehung und ebenso für die Verpflichtung zur Wahrhaftigkeit («truth-telling»). Die beiden Autoren haben ihr Augenmerk vor allem auf die verschiedenen Komponenten der «informierten Zustimmung» gerichtet. Sie unterscheiden folgende Niveaus: 1) «Schwellen-Elemente» (Vorbedingungen) wie die Kompetenz («competence») zu verstehen und zu entscheiden (a) und die Freiwilligkeit («voluntarisness») der Entscheidung (b); 2) «informative Elemente» wie die Bekanntgabe oder Enthüllung («disclosure») von Informationen (a), die Empfehlung («recommendation») eines Handlungsplanes (b) und das Verstehen («understanding») einer solchen Empfehlung (c); 3) «Zustimmungselemente» wie die Entscheidung («decision») zugunsten eines Behandlungsplanes (a) und die Autorisierung («authorization») des gewählten Planes (b).

Diese verschiedenen Komponenten eines «informed consent» verdeutlichen vor allem, wie komplex eine solche Zustimmung oder Einwilligung ist oder sein kann.

25. Zum Kern der Patientenautonomie

Damit ein gehaltvolles moralisches Verständnis von Autonomie möglich ist, müssen noch weitere Aspekte unterschieden werden. So nennt Dieter Birnbacher (zusammen mit Joel Feinberg) vier weitere Sichtweisen: 1) Autonomie kann die persönliche Fähigkeit («capacity») meinen, 2) eine vorliegende oder situative Disposition («actual condition»), 3) ein Charakterideal («ideal of character») und 4) ein moralisches Recht («sovereign authority»). Zusammengenommen gehen diese Bestimmungen weit über das hinaus, was Autonomie in der Arzt-Patient-Beziehung sinnvollerweise bedeuten kann. In letzterem und entscheidendem Falle, dem vierten Aspekt, bedeutet Autonomie, dass der Patient nicht ohne seine ausdrückliche oder (im Einzelfall) mutmassliche Einwilligung einem Eingriff oder einer medizinischen Handlung unterzogen werden darf. «Informed consent» bezieht sich dann auf das negative Recht eines Patienten, das aufseiten des Arztes demnach eine sogenannte Unterlassungspflicht, also die Pflicht, auf ein Tun zu verzichten, hervorruft. Die Wahrnehmung dieser Autonomie aufseiten des Patienten setzt voraus, dass wir sie als sein Recht auf Entscheidungsfreiheit und auf Selbstbestimmung respektieren. Nur in diesem Fall ist die Rede von einem *Recht* auf Autonomie angemessen und können wir von einem Anspruch auf Autonomie sprechen. Wie wir bereits gesehen haben, ist Autonomie in diesem Sinne der Kerngehalt des Grundrechtes auf körperliche Unversehrtheit, das aus der menschenrechtlichen Fassung der Menschenwürde-Formel abgeleitet wird. Damit der Patient dieses Recht jedoch wahrnehmen kann, müssen natürlich bestimmte Fähigkeiten vorausgesetzt werden. Diese werden in den ersten drei Aspekten genannt. Aber das Recht auf Autonomie muss sorgsam von solchen Fähigkeiten unterschieden werden. So formuliert Birnbacher zu Recht:

«Autonomie als ein moralisches Recht ist etwas, was man einklagen kann. Autonomie als Charakterideal etwas, das man lediglich empfehlen kann. Autonomie als ein moralisches Recht impliziert, dass andere eine Pflicht zu seiner Wahrung und Achtung haben, während Autonomie als Charakterideal als solches zu nichts verpflichtet. Andererseits lässt sich auch zwischen den ersten drei Bedeutungen und der vierten eine kategoriale Grenze ziehen: In den ersten drei Bedeutungen bezeichnet Autonomie eine (faktische oder erwünschte) Fähigkeit, in der vierten einen Anspruch. Autonomie als ein Rechtsanspruch bedeutet nicht, dass jemand selbstbestimmt ist, sondern dass er ein Recht auf Selbstbestimmung hat, dass bestimmte Dinge nicht gegen oder ohne seine Zustimmung mit ihm geschehen sollen.» (Dieter Birnbacher)

Das Recht auf Autonomie findet seinen Ausdruck in der «informierten Zustimmung» (informed consent). Wird die Einwilligung oder Zustimmung des Patienten nicht eingeholt, wird – abgesehen von Extremsituationen, in denen die Zustimmung nicht eingeholt werden kann – die medizinische Handlung zu einer Körperverletzung.

Autonomie als Recht bedeutet, dass der Patient ohne seine Einwilligung keiner medizinischen Handlung unterzogen werden darf. Dieses Recht korrespondiert mit einer Unterlassungspflicht aufseiten des behandelnden Mediziners.

26. Autonomie – ein funktionaler Stellenwert

Die Bedeutung, die wir der Patientenautonomie zumessen, darf nicht dazu leiten, dass wir die Situation eines Patienten vor allem unter den Aspekten seiner Entscheidungsfähigkeit und Entscheidungsfreiheit thematisieren. Patienten sind, wie es das Wort bereits ausdrückt, Menschen, die etwas erleiden und häufig auch leiden. Sie sind teils zur Passivität gezwungen und müssen mit der Erfahrung der Abhängigkeit als Folge ihrer Erkrankung oder ihrer Verletzung zurechtkommen. Wenn wir diese *wesentlichen* Kennzeichen übersehen, verlieren wir die existenzielle Situation eines Patienten aus den Augen. Patienten sind angewiesen auf unsere Hilfe. Die *Fähigkeit* der Autonomie nimmt in solchen krisenhaften Situationen rapide ab und wir würden Patienten überfordern, wenn wir sie vor allem als reflektierende Gesprächspartner und als Unternehmer ihrer selbst auf dem Markt des Gesundheitswesens auffassten. Es ist wichtig, dass der Autonomie-Anspruch und die vorhandenen Autonomie-Fähigkeiten der behandelten Person sorgsam unterschieden werden. In Behandlungssituationen müssen diese beiden Aspekte vorsichtig abgeglichen werden.

Die Patientenautonomie hat einen funktionellen Stellenwert. Sie soll nicht zu einem unangemessenen Bild führen, das den Patienten in seiner existenziell krisenhaften Situation, die mit zahlreichen Abhängigkeiten einhergeht, vergisst.

III. Konflikte und Güterabwägungen

Ein ethisches Entscheidungsmodell

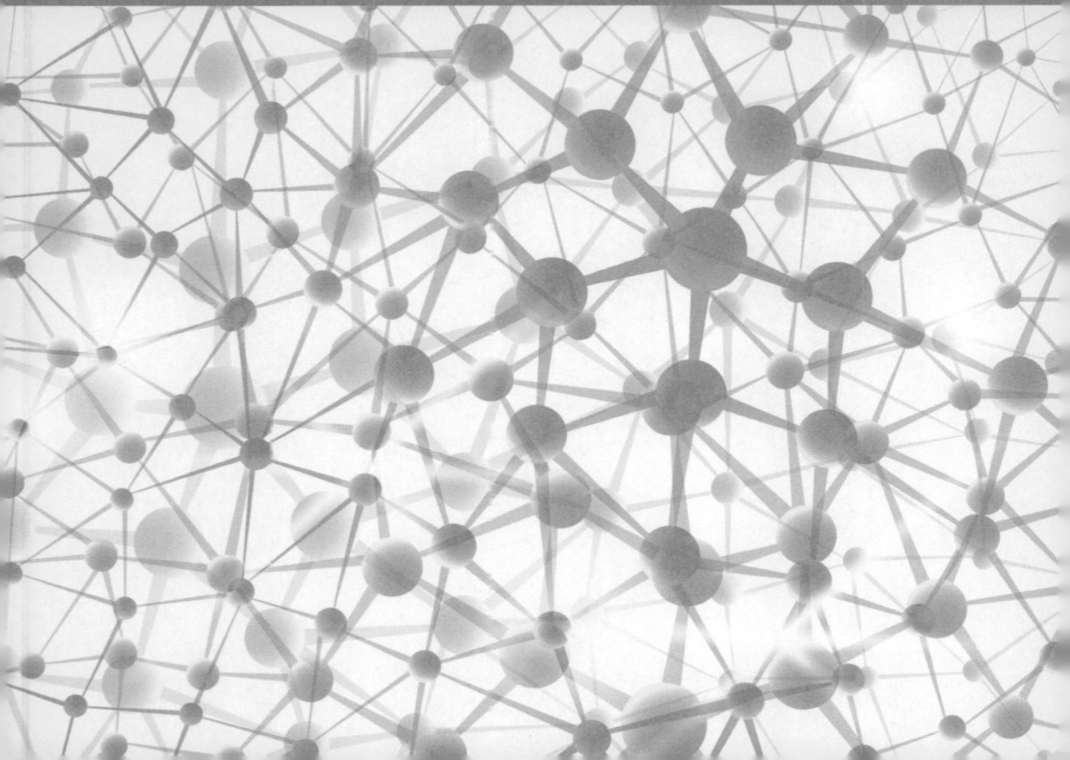

1. Das moralische Gut. Eine Erinnerung

Ein moralisches Gut bezeichnet einen substanziellen Wert, den wir in unseren Handlungen realisieren wollen. Es ist das Ergebnis unserer Wertschätzungen. Die vier medizinethischen Topoi oder Gemeinplätze (Autonomie, Fürsorge, Nicht-Schaden und Gerechtigkeit) haben wir kennen gelernt als allgemeine Common-sense-Rücksichten, mittels derer wir unsere Handlungen im Bereich von Medizin und Pflege einer ersten moralischen Beurteilung unterwerfen. Das ist gleichsam ihre *kognitive* Seite, die allerdings eher schwach ausgeprägt ist. Man kann sie allerdings auch von einer anderen Seite betrachten. In diesem Fall werden sie *als Güter,* als gehaltvolle moralische Wertschätzungen verstanden, an deren Realisierung uns gelegen ist. Das ist ihre *substanzielle* Seite. Wir schätzen das Gut der «Autonomie» oder das der «Gerechtigkeit». Das Gleiche kann man auch im Hinblick auf Personen sagen: «Persönliche Integrität», «Vertrauenswürdigkeit» oder «Ehrlichkeit» schätzen wir an Personen und deren Fehlen würden wir tadeln. Solche Eigenschaften kann man ebenfalls als Güter bezeichnen: Integrität, Vertrauenswürdigkeit und Ehrlichkeit sind jeweils ein hohes moralisches Gut. Solche Güter sind *in sich* moralisch wertvoll. Es gibt aber auch nichtmoralische Güter, die in unseren moralischen Handlungen gleichwohl eine wichtige Rolle spielen, weil sie bedeutungsvoll sind für das menschliche Leben. Glück, Lust, Gesundheit, Wohlstand oder Sicherheit sind beispielsweise Güter, die *von sich aus* noch keine moralische Qualität haben. Wenn wir etwas ein nichtmoralisches Gut nennen, folgt daraus keineswegs, dass es in moralischer Hinsicht irrelevant wäre. Es kann äusserst wichtig sein, dieses Gut zu berücksichtigen, obwohl es selber keine unmittelbare moralische Signifikanz besitzt.

Woran merken wir, dass etwas *moralisch* signifikant ist? Das können wir in aller Regel an der Sprache ablesen, die wir in diesem Falle verwenden – beispielsweise an der Sprache von Lob und Tadel. Wir tadeln nicht eine Person, die unglücklich oder krank ist, und loben sie nicht, wenn sie gesund ist, wohl aber tadeln wir eine Person, die ungerecht handelt und anderen Personen einen Schaden zufügt. Im Kontext von Handlungen, die einen moralischen Charakter haben, weil sie auf ein moralisches Gut gerichtet sind, haben nichtmoralische Güter, wie gesagt, einen wichtigen Stellenwert. Sie wollen in unseren Handlungen berücksichtigt und realisiert werden. Wir tragen deshalb auch Verantwortung für die Realisation nichtmoralischer Güter. Das Gesundheitswesen soll gerecht sein und somit das moralische Gut der Gerechtigkeit vor Augen haben, weil Gesundheit einen ganz wichtigen, obzwar nichtmoralischen Wert im Leben von Menschen darstellt. Die oben genannten Topoi sind moralische Güter, die sich um das nichtmoralische Gut der Gesundheit ranken. Güterabwägungen beziehen sich sowohl auf moralische als auch auf nicht moralische Güter. Moralische Güter haben dabei in aller Regel Vorrang.

Ein Gut ist der Gehalt oder die Substanz einer starken Wertung oder Schätzung. Ein moralisches Gut ist «in sich» wertvoll. Nichtmoralische Güter sind aber nicht neutral. Gesundheit ist ein nichtmoralisches Gut. Güterabwägungen beziehen sich sowohl auf nichtmoralische als auch auf moralische Güter.

2. Gründe für Handlungskonflikte

In besonders komplexen medizinischen Handlungs- und Entscheidungssituationen tun sich Dilemmata hervor. Ein Dilemma ist wörtlich eine «Zwangslage», eine Situation, in der sich gegenseitig scheinbar ausschliessende Handlungsoptionen vorliegen. Solche Handlungskonflikte verlangen Klugheit und Sensibilität. Sie verlangen nach Güterabwägungen.

Handlungskonflikte können aus unterschiedlichen Gründen entstehen. Die gängigste Form eines Konflikts liegt dann vor, wenn wir verschiedener Meinung sind, wie zu handeln ist. Die Autonomie eines Patienten wollen wir respektieren, aber wir können uns nicht darüber einigen, wie das angemessen zu bewerkstelligen ist. Eine zweite Form liegt in der sogenannten Pflichtenkollision vor, d.h. in einer Situation, in der zwei Pflichten einschlägig sind, deren jeweilige Verwirklichung die andere Pflicht auszuschliessen scheint: Das Recht des Patienten, einen Eingriff zu verweigern, und somit wiederum die Pflicht, dessen Autonomie anzuerkennen, steht der Pflicht des Arztes gegenüber, Hilfe zu leisten. Die dritte Form eines Handlungskonfliktes entsteht, wenn die Folgen einer Handlung, die nicht beabsichtigt waren, als Nebenfolgen einer absichtlichen Handlung entstehen. Die Handlung hat hier gleichsam zwei Effekte – einen gewollten und einen nichtgewollten, weshalb man hier von einer Doppelwirkung spricht. Der Konflikt des ersten Typus bezieht sich beispielsweise auf die richtige Interpretation der «Autonomie» und auf die Frage, welche Handlung als Mittel zu der Verwirklichung des «Gutes» der Autonomie angemessen ist. Die zwei anderen Typen eines Handlungskonfliktes – die Pflichtenkollision und die Handlung mit doppelter Wirkung – haben einen komplexeren Charakter. Im Falle der Pflichtenkollision haben wir es mit zwei Gütern zu tun, die berücksichtigt werden müssen, sich aber nicht gleichzeitig realisieren lassen. Im Falle einer Handlung mit doppelter Wirkung führt die Realisierung eines Gutes zur Schädigung eines anderen.

Handlungskonflikte können entstehen, weil wir nicht wissen, welche Handlung ein bestimmtes Gut angemessen verwirklicht. Häufig haben sie aber mit Pflichtenkollisionen und mit den ungewollten Folgen unserer Handlungen zu tun.

3. Handlungen mit doppelter Wirkung

Ein klassischer Fall des Handlungskonfliktes liegt vor, wenn wir eine bestimmte Handlung und deren Folgen wollen und beabsichtigen, wir aber die Nebenfolgen, die wir nicht beabsichtigen, moralisch schwer akzeptieren können. Handlungstheoretisch formuliert: Wir *tun* etwas, dessen Folgen wir moralisch akzeptieren, weil sie ein «Gut» realisieren. Wir lassen aber etwas geschehen (und beabsichtigen es also nicht), nehmen es aber billigend in Kauf, obwohl es negative Folgen hat und einen moralisch signifikanten Schaden entstehen lässt. Die Abwägung bezieht sich also auf zwei Reihen von Folgen – auf die beabsichtigten und auf die unbeabsichtigten. In der Moraltheologie, aber auch in der Moralphilosophie wird in diesem Falle das «Prinzip der doppelten Wirkung» angewandt. Die Bedeutung dieses Prinzips sollte nicht unterschätzt werden.

Fünf Regeln dienen dazu, dieses Prinzip zu operationalisieren, es also praxistauglich zu machen: 1) Eine «in sich» schlechte Handlung ist zu allen Zeiten verboten, auch wenn sie im Einzelnen positive Folgen hat. 2) Die negativen Folgen einer Handlung können nur akzeptiert werden, wenn diese Handlung gute (oder zumindest) neutrale Folgen hat, und nur diese Folgen beabsichtigt sind. 3) Die negativen Folgen dürfen nicht als Mittel zur Realisierung der guten Folgen eingesetzt werden, sondern nur als sekundäre Folgen oder als Nebenfolgen. 4) Die guten Folgen haben genügend Gewicht im Vergleich zu den negativen Folgen. 5) Die negativen Folgen können nur akzeptiert werden als unbeabsichtigte und unliebsame Konsequenz, wenn es keine sinnvolle Alternative zu der Handlung gegeben hat.

Dieses «Prinzip der doppelten Wirkung» hat in zahlreichen medizinethischen Fragen (Abtreibung, Sterbehilfe, Pränataldiagnostik) eine durchaus orientierende Funktion. Es vermeidet sowohl eine reine utilitaristische Güterabwägung als auch einen moralischen Absolutismus oder Rigorismus, der Güterabwägungen ablehnt. Es kann aber nicht die Frage beantworten, woher wir *wissen,* was gute oder notfalls zu akzeptierende Folgen sind.

Das Prinzip der doppelten Wirkung ist ein klassisches Mittel, Güterabwägungen in Handlungskonflikten vorzunehmen.

4. Kasuistik: eine vorsichtige Rehabilitierung

Die Kasuistik (lat. «casus», der Fall) ist eine ethische Methode der Urteilsfindung, die sich auf jeweils konkrete Fälle konzentriert. In dieser auch «Moralkasuistik» genannten Vorgehensweise sollte das Urteilsvermögen geschärft werden, indem allgemeine Normen auf unterschiedlichste «Fälle» angewandt werden. Die Kasuistik, die vor allem mit dem Orden der Jesuiten in Verbindung gebracht werden muss, hat im Laufe der Neuzeit eine regelrechte Blüte erlebt, wurde aber auch heftig kritisiert. Blaise Pascal (1623–1662) warf dieser Methode vor, die Moral bis zur Unkenntlichkeit zu manipulieren, indem nahezu jede Handlung eine Rechtfertigung erhalten konnte. Ihren Ursprung hat diese Methode allerdings in der Beichtpraxis: Die Bussbücher (lat. «libri poenitentialis»), die dem Beichtvater bei der Beurteilung der gebeichteten Sünden halfen, die oftmals eine moralische Signatur hatten, enthielten zahlreiche Differenzierungen, gleichsam technische Gesichtspunkte, die zur Feststellung der Busse bzw. des Strafmasses führen sollten. Viele dieser Differenzierungen sind auch heute noch – in einer nicht mehr theologischen Sprache – Teil unseres Moralvokabulars und auch der Jurisprudenz: die Unterscheidung zwischen «guten», «schlechten» und «indifferenten» Handlungen, zwischen einem «Verbot» (lat. «praecepta negativa») und einem «Rat» bzw. Empfehlung (lat. «praecepta positiva»), zwischen Unterlassungen (lat. «omissa») und Handlungen (lat. «commissa»). Aber es gab auch eine Schattenseite: Die Differenzierungen wurden masslos, die Moralphilosophie unterlag infolgedessen einer zunehmenden Verrechtlichung. Es entstand der Eindruck, mittels der kasuistischen Methode könnten strenge Massstäbe bis zur Unkenntlichkeit abgemildert werden. Die Anwendung der kasuistischen Regeln begann einem Automatismus zu gleichen, der den existenziellen Ernst einer komplexen Situation zu verfehlen schien.

Auch wenn die Kritik an der Kasuistik nie verstummt ist, ist sie inzwischen in die Ethik zurückgekehrt – dank der Medizinethik. Der US-amerikanische Medizinethiker Albert R. Jonsen und sein philosophischer Kollege Stephen Toulmin haben in ihrem Buch «The Abuse of Casuistry. A History of Moral Reasoning» (1988) für eine Rehabilitierung gesorgt. Eine ausschliesslich an Prinzipien, an Begründungsspielen, an Deduktionen und abstrakten Normen orientierte Ethik, verliere, so lautet ihre Meinung, das Gespür für Anwendungen und für die Komplexität vieler *Entscheidungssituationen,* die simple Ableitungen nicht zulassen In vielen «Fällen» sind vielmehr nachsichtige Interpretationen und sorgfältige Abwägungen erforderlich, die auf dem Reissbrett realitätsferner Theorien nicht in Erwägung gezogen werden können. Toulmin ist sogar der Meinung, die Medizin mit ihren komplexen, fallbezogenen moralischen Herausforderungen, die gewissermassen zur Kasuistik nötigen, habe das Leben der Ethik «gerettet» («How Medicine Saved the Life of Ethics», Perspectives in Biology and Medicine 25, no. 4 [1982], 736–750). Sonst wäre sie – die Ethik – in einen Akademismus abgeglitten, der sie hätte veröden lassen.

Das ursprüngliche Anliegen der Kasuistik richtete sich auf die Erweiterung einer auf abstrakte Prinzipien und Handlungsnormen fixierten Moraltheorie in die Richtung einer praktischen, auf den individuellen Fall gerichteten ethischen Deliberation. Eine Deliberation ist eine Abwägung bzw. ein abwägendes Gespräch, das zu einer Urteilsfindung in einem komplexen, weil nicht eindeutigen Fall erforderlich ist. Dabei ist der jeweilige Kasus nicht als schlichter Anwendungsfall, sondern als eine vorsichtige Spezifizierung einer oder mehrerer moralischer Normen im Lichte eines singulären Handlungskonfliktes zu verstehen. Das «7-Schritte-Modell», das wir in diesem Kapitel vorstellen werden, kann deshalb als ein kasuistisches Modell gewertet werden. In diesem Modell findet das statt, was man klassischerweise eine «Güterabwägung» genannt hat.

Die Kasuistik ist eine ethische Methode zur Urteilsfindung in einem komplexen Fall. In ihrem Zentrum steht die Deliberation bzw. die Güterabwägung – die abwägende Spezifizierung von Normen im Hinblick auf eine nicht eindeutige Situation, in der wir moralisch verantwortlich handeln und uns entscheiden müssen.

5. Kasuistik und das Sicherheitsproblem

Im Zentrum der alten Kasuistik, die ihre Blütezeit im 16. und 17. Jahrhundert hatte, stand ein Problem, das auch heute noch eine überragende Bedeutung hat: das *Sicherheitsproblem.* Wir sind diesem Problem bereits im ersten Kapitel kurz begegnet, dort im Zusammenhang mit der Frage, ob Gewissheit ein erstrebenswertes Ideal in der Ethik sein könne. Wenn wir im Folgenden über Sicherheit reden, meinen wir allerdings nicht die Suche nach Gewissheit, sondern nach *überzeugenden Gründen,* die das Risiko der Entscheidung reduzieren können. Manche Handlungs- und Entscheidungssituationen hinterlassen nämlich den (zutreffenden) Eindruck, dass wir unter *unsicheren* ethischen Bedingungen zu einer Urteilsfindung gelangen müssen. Wir haben das ungute Gefühl, nicht recht zu wissen, was in einem spezifischen Fall «angemessen» wäre. Wir müssen demnach handeln «unter Risiko». Wir wollen deshalb wissen, welches Risiko wir eingehen dürfen bzw. wie viel Unsicherheit wir in Kauf nehmen dürfen. Positiv formuliert: wir wollen *möglichst* risikoarm handeln, unter der *grösstmöglichen* Sicherheit, wissen aber nicht, wie viel Unsicherheit wir tolerieren können. Genau das aber war das Thema der klassischen Kasuistik.

In der frühen Neuzeit hatte eine Erschütterung alter Gewissheiten stattgefunden. Und es ist kein Zufall, dass exakt in der genannten Periode auch die ersten medizinethischen Handbücher, die natürlich samt und sonders theologischen Zuschnitts waren, erschienen sind. Auch in ihnen macht sich bereits die wachsende Komplexität des Handelns unter frühneuzeitlichen Bedingungen bemerkbar. Überall tauchte offenbar die Frage auf, *wie sicher unsere Handlungsgründe sein sollten, wenn wir mit ihnen eine Handlung moralisch legitimieren müssen, die auf einem angemessenen Urteil im Hinblick auf die jeweilige Situation beruht.* Diese Frage aber gilt damals wie heute. Wenn wir auf die gegenwärtigen biomedizinischen Fragestellungen blicken, die ein Spektrum erfassen, das bereits vor der Befruchtung anfängt und über den Tod hinausweist, und die im Einzelnen überaus kontrovers diskutiert werden, wird sofort deutlich, dass viele unserer Handlungsoptionen einen zweifelhaften, jedenfalls strittigen und unsicheren moralischen Status haben. Hier stehen Handlungsalternativen an, die beurteilt werden müssen angesichts eines überlieferten, aber inzwischen vielfach krisenhaften Normenbestands.

Wenn wir die Sicherheitsfrage stellen und das Risiko abschätzen wollen, das wir in Kauf nehmen dürfen, sollten wir nicht davon ausgehen, dieses Risiko liesse sich immer wirksam auf ein Mindestmass reduzieren bzw. wir könnten zu maximaler Sicherheit gelangen. Natürlich gibt es immer wieder Situationen, in denen diese Sicherheit annäherungsweise realisiert werden kann. Denn nicht jede medizinethische Entscheidungslage ist völlig singulär, hyperkomplex und mit grossen Risiken behaftet. Letzteres ist glücklicherweise eher selten der Fall. Allerdings lässt sich kaum leugnen, dass wir oft nur zu *wahrscheinlich* richtigen Urteilen kommen. Was wir also in einer solchen Lage versuchen, ist die *Wahrscheinlichkeit* zu erhöhen, dass unser Handlungsurteil richtig ist. Exakt mit dieser Problematik war die Kasuistik befasst. Unter dem Stichwort «Probabilismus» wurde diese Problematik verhandelt. Dies ist nicht der Ort für historische Rekonstruktionen im Einzelnen. Der erbitterte Streit um den «Probabilismus» im 16. und 17. Jahrhundert bezog sich auf die Frage, wie *wahrscheinlich* (angesichts einer Handlungsalternative) die Argumente zugunsten einer bestimmten Handlung sein müssen, damit diese als moralisch gerechtfertigt gelten kann.

Wie viel Unsicherheit dürfen wir in Kauf nehmen und wie viel Sicherheit benötigen wir, um uns für eine bestimmte Handlung entscheiden zu können? Die Antwort auf diese Frage wurde auf eine Skala lokalisiert, die von «sicheren Gründen» über allerlei Abstufungen des Wahrscheinlichen, bis zu lediglich «wahrscheinlichen Gründen» reichte. Es gab sogar eine Position, den «Laxismus», für den es ausreichte, das überhaupt einige Gründe für eine Handlung sprechen, damit man diese als moralisch erlaubt bezeichnen konnte. Diese Unterscheidungen brauchen uns hier nicht länger zu beschäftigen. Die wichtigste Lehre dieser Debatte über die Sicherheit von Begründungen lautet aber: In strittigen moralischen Angelegenheiten, im Besonderen in ethischen Entscheidungssituationen, können wir nicht immer auf Sicherheit aus sein. Handlungssicherheit lässt sich längst nicht immer erzielen. Was wir aber brauchen, ist eine hinreichende *Plausibilität* unserer Gründe. Dies ist allerdings kein Plädoyer für lasche Begründungen. Das Gegenteil ist der Fall. Es ist aber ein Plädoyer für Angemessenheit, für eine nachsichtige Haltung. Nachsichtig nennen wir eine Haltung, die 1) genau nachsieht und 2) angesichts der Komplexität der Fälle Nachsicht übt. Wir sollten uns also von einem falschen Sicherheitsideal verabschieden, das sich erst im Laufe der Moderne in der Ethik zu artikulieren begonnen hat.

Im Zentrum der Kasuistik steht die Frage, wie viel Gewissheit wir bei der Begründung einer Handlungsentscheidung brauchen und wie viel Risiko wir in Kauf nehmen dürfen. Das Gewissheitsideal erweist sich in praktischen Kontexten häufig als unfruchtbar. Wir brauchen jedoch plausible Gründe, die uns zu angemessenen Entscheidungen führen.

6. Komplexe Entscheidungsfindungen

Die Behandlungssituation in der heutigen Medizin und Pflege unterscheidet sich in signifikanter Weise von der Vergangenheit. Wissenschaft und Technologie haben das medizinische Können erheblich erweitert. Man kann in diesem Zusammenhang von einer permanenten Vermehrung der Handlungsmöglichkeiten sprechen und von einer ständigen Verlegung von Handlungsgrenzen. Darüber hinaus hat sich das Selbstverständnis aller Beteiligten verändert: Der Patient wird nicht länger als das weitgehend passive und autoritätsabhängige Subjekt einer Behandlung betrachtet, sondern versteht sich selber immer mehr als ein – nach Möglichkeit – mündiger Beteiligter im Behandlungsablauf. Dem Ideal nach hat sich ein eher partnerschaftliches Modell durchgesetzt, das die Ungleichheiten und Asymmetrien des älteren, sogenannten patriarchalischen Modells abgelöst hat. Die Lebenskontexte und die Lebensentwürfe aller Beteiligten sind inzwischen heterogener geworden: Menschen haben verschiedene, nicht immer zueinander passende Auffassungen über die Art, wie sie leben wollen und was für sie in ihrem Leben von entscheidender Wichtigkeit ist. Diese teils voneinander abweichenden Auffassungen haben grossen Einfluss auf ihre Vorstellungen von Kranksein und Sterben. Die Mitglieder eines Behandlungsteams bringen ihrerseits unterschiedliche Wertvorstellungen in die Behandlungssituation mit ein und handhaben längst nicht immer die gleiche Perspektive auf die Lage des Kranken. Nicht nur die sachlichen Aspekte der Behandlung und Betreuung von Patienten stehen häufig zur Debatte, sondern auch der Umgang mit den relevanten moralischen Aspekten der Situation unterliegt kontroversen Diskussionen. Der Zwang zur Wahl ist grösser geworden, die Handlungsmöglichkeiten haben sich vervielfältigt und die Notwendigkeit, einen Konsens zu finden, ist immer mehr gewachsen.

Die Entscheidungsfindung in Medizin und Pflege, die Suche nach einer dem kranken Menschen angemessenen Entscheidung ist sowohl in fachlicher als auch in ethischer Hinsicht komplexer geworden. Die ethische Frage, was wir tun sollen oder unterlassen müssen, stellt sich in der Praxis von Medizin und Pflege vielerorts mit hoher und unausweichlicher Dringlichkeit.

7. Entscheidungsverfahren und deren Bedingungen

Angesichts einer solchen Lage brauchen wir Prozeduren oder Verfahren der Entscheidungsfindung. Diese inszenieren gewissermassen ein ethisches Gespräch, das auf der Suche nach einer klugen Entscheidung ist. Die Beteiligten sind nach Möglichkeit als grundsätzlich gleiche zu betrachten: Alle bemühen sich um persönliche Wahrhaftigkeit, um die Rationalität der Argumente und um die Respektierung abweichender Standpunkte, die ihrerseits dem Kriterium der Wahrhaftigkeit und Rationalität genügen müssen. Die Beteiligten sind ausgerichtet auf einen Konsens, dessen Ergebnis als *bindend* betrachtet wird. Dieser Konsens erhebt aber nicht den Anspruch moralischer «Wahrheit» und unhinterfragter oder unbezweifelbarer Sicherheit. Moralische Unsicherheit und Mehrdeutigkeit können wir oft nicht vermeiden: Sicherheit und Eindeutigkeit sind auch in weiten Teilen der europäischen Ethik nie angestrebt worden, weil viele Handlungssituationen diesen Massstäben nicht entsprechen *können*. Wir erstreben allerdings moralische Richtigkeit im Sinne einer bestmöglichen *Begründung* eines Standpunkts, der der jeweiligen Situation *angemessen* erscheint. Das ethische Gespräch oder der ethische Dialog kann auch als ein *kooperatives* Verfahren verstanden werden, in dem die Beteiligten mittels des Austausches und der Überprüfung von Argumenten ergebnisorientiert zusammenarbeiten. Ohne die Bereitschaft zur Kooperation und zu einer nach Möglichkeit unvoreingenommenen Kenntnisnahme der Standpunkte kann ein solches Gespräch nicht gelingen. Es zählt nur der «zwanglose Zwang des besseren Arguments». (Jürgen Habermas)

Das Verfahren, das wir im Folgenden vorstellen und vorschlagen werden, lehnt sich in seinen Grundzügen an eine bestimmte Form der Ethik an, an die sogenannte Diskursethik. Diese Ethik geht von dem Grundsatz aus, dass begründete ethische Urteile nur in einem Verfahren gewonnen werden können, das von einer *kommunikativen Rationalität* bestimmt wird. Das heisst: das Verfahren oder das ethische Gespräch unterliegt gewissen Vorbedingungen, ohne die es weder kommunikativ noch rational sein kann. Der vorhin bereits zitierte Jürgen Habermas nennt folgende Bedingungen, die respektiert werden müssen, nämlich die Bedingungen:

«– sich verständlich *auszudrücken* (1)
– *etwas* zu verstehen geben (2)
– *sich* dabei verständlich zu machen (3)
– und sich *miteinander* zu verständigen» (4).

Habermas erläutert diese Bedingungen folgendermassen: «Der Sprecher muss einen *verständlichen* Ausdruck wählen, damit Sprecher und Hörer *einander verstehen* können (1); der Sprecher muss die Absicht haben, einen *wahren* propositionalen Gehalt mitzuteilen, damit der Hörer das *Wissen* des

Sprechers *teilen* kann (2); der Sprecher muss seine Intentionen *wahrhaftig* äussern wollen, damit der Hörer an die Äusserung des Sprechers *glauben* (ihm vertrauen) kann (3); der Sprecher muss schliesslich eine im Hinblick auf bestehende Normen und Werte *richtige* Äusserung wählen, damit der Hörer die Äusserung akzeptieren kann.» (Habermas: Vorstudien, 354 f.)

Das heisst: Im Gespräch oder – in unserem Fall – im «7-Schritte-Dialog» müssen wir unterstellen, dass wir eine Sprache sprechen, die von allen Teilnehmern verstanden werden kann (1); dass wir Sätze benutzen, die einen tatsächlichen Informationscharakter («wahrer propositionaler Gehalt» = ein Satz als *Informationsträger*) haben (2); dass wir wahrhaftig sind, damit Vertrauen und Verlässlichkeit entstehen können (3); dass wir zu richtigen Aussagen im Sinne einer Verständigung hinsichtlich geteilter Überzeugungen und Entscheidungen (4) kommen.

Das Entscheidungsmodell stellt ein Verfahren dar, das als kooperatives Gespräch gekennzeichnet werden kann. Die Beteiligten erstreben eine moralisch richtige Entscheidung, ohne dass sie den Anspruch absoluter Sicherheit und unbezweifelbarer Wahrheit erheben.

8. Universalismus in der Anwendung

Bevor wir den «7-Schritte-Dialog» vorstellen, sollten wir noch einmal einen Blick auf dasjenige richten, was wir das *Innenleben* eines solchen Verfahrens nennen könnten. Dieses «Innenleben» betrifft die Art und Weise, wie wir in unseren *tatsächlichen* Abwägungen und Deliberationen mit ethischen Normen, Prinzipien und Gemeinplätzen umgehen und wie wir im *tatsächlichen* ethischen Gespräch mit Begründungen arbeiten. Wir haben gesehen, dass wir in unseren Überlegungen und Diskussionen über moralische Angelegenheiten und Konflikte, vorausgesetzt, wir nehmen uns ernst, auf *Richtigkeit* aus sind. Die Reichweite unserer Argumente und der in ihnen zum Einsatz kommenden ethischen Kategorien haben eine Gültigkeit, die über den Moment und über den Ort hinaus *gültig* sind. Und eine Entscheidung, die wir in einem bestimmten Fall treffen, werden wir *unter gleich bleibenden Umständen* in einer anderen Situation *genauso* treffen wollen. Unser Verhalten wäre sonst ganz und gar inkonsistent. Zusammengefasst: Die Argumentation, die wir entfalten, und die Normen, Prinzipien und Topoi, die wir verwenden, beanspruchen Allgemeingültigkeit, sie wollen also für alle gültig sein – universell. Universalismus bedeutet *nicht,* dass wir an unbeweglichen Auffassungen festhalten und überall zu gleichen Ergebnissen kommen werden. Ganz im Gegenteil. Aber wenn wir bereits am Anfang unsere Überzeugungen relativieren und an der Richtigkeit unserer Kategorien grundsätzlich zweifeln, werden wir *nie* zu irgendwelchen Ergebnissen kommen. Allerdings gilt ebenso, dass wir jene Kategorien – Normen, Prinzipien und Topoi – immer wieder *anwenden* müssen. Die konkreten Herausforderungen eines Falles verlangen von uns deshalb, dass wir diese Kategorien in ihrer Anwendung auf konkrete Fälle *flexibilisieren* müssen.

Der US-amerikanische Philosoph Michael Walzer hat ein einleuchtendes Modell entwickelt, das uns die Funktionsweise eines solchen flexiblen Universalismus vor Augen führt. Walzer zufolge existieren zwei Arten von Universalismus: ein «Universalismus des allumfassenden Gesetzes» («covering-law universalism») und ein «wiederholender Universalismus» («reiterative universalism»). Der «Universalismus des allumfassenden Gesetzes», wie wir ihn beispielsweise aus den Offenbarungsreligionen kennen, möchte für jedermann und zu allen Zeiten und Orten einem und demselben Verständnis des richtigen Lebens Geltung verschaffen. Dieses Gesetz überdeckt alles und alle. Der zweite, der «wiederholende Universalismus», geht dagegen von der These aus, dass wir in vielerlei Hinsicht mit andern Menschen ähnliche Erfahrungen teilen. Erfahrungen von Unrecht, von Missachtung oder von dem Verlust unserer Würde. Wir können uns deshalb gegenseitig *verstehen,* weshalb eine Kategorie, wie beispielsweise die der «Menschenwürde» oder der «Gerechtigkeit», universell zum Einsatz kommen kann. Aber in den jeweiligen konkreten, partikulären Situationen, in denen wir uns befinden, müssen wir diese universalistisch angelegten Kategorien *wiederholen.* Der Universalismus existiert gewissermassen nur im Modus seiner Wiederholung *vor Ort.* Und die Wiederholung hat zur Folge, dass wir das Universelle *flexibilisieren.* Damit keine Missverständnisse entstehen: Es handelt sich hier *nicht* um einen Relativismus, denn unsere Kategorien beanspruchen sehr wohl universelle Gültigkeit. Aber sie werden erst lebendig in der Wiederholung *vor Ort.*

Aus diesem Grund ist Walzer der Meinung, dass unsere Kategorien, wie er es nennt, immer eine «dünne» und eine «dicke» Bedeutung haben. Ein Beispiel sollte hier weiterhelfen. Wenn wir konfrontiert werden mit Situationen gravierenden Unrechtes und sichtbarer Not, etwa in den Befreiungskämpfen von Menschen unter Diktaturen oder in einer Lage der Missachtung elementarer Rechte wie des Rechtes auf eine medizinische Basisversorgung, werden wir uns mit den betroffenen Menschen solidarisieren und uns auf «Gerechtigkeit», «Gleichheit» oder «Menschenwürde» berufen. Wir verstehen, was in den anderen vorgeht, wir erkennen ihre Lage wieder, denn auch wir, unsere Eltern oder Vorfahren, kannten solche Situationen. Sobald es aber um die Anwendung jener Kategorien auf die konkrete Situation geht, werden wir feststellen, dass *unser* und *ihr* Verständnis von Gerechtigkeit, Gleichheit oder Würde sich nicht ohne Weiteres decken. In der Phase der Solidarisierung und in dem Moment, in dem wir uns gemeinsam mit den anderen hinter die genannten Kategorien scharen, benutzen wir eine «dünne» Bedeutung. Wir teilen miteinander eine «minimalistische» Moral. Sobald wir aber in den jeweiligen Situationen – also «zu Hause» (Walzer) – dieselben Kategorien anwenden müssen, werden diese geprägt sein von den jeweils partikularen Umständen und von unseren jeweiligen, also durchaus *anderen* Geschichten. Wir benutzen nun eine «dicke» Bedeutung, die in *unserer* Umgebung verwurzelt ist – vor Ort. Wir geben den Kategorien dann eine kompakte Ausfüllung.

Es wäre ein Missverstand, wenn wir die «dünne» Moral als seicht oder inhaltsleer betrachteten. Das Gegenteil ist der Fall: Walzer nennt sie «Moral pur», weil wir nun Begriffe in ihrer vollen Schärfe benutzen. Wer könnte schon gegen die Menschenwürde sein? Aber damit jene Begriffe wirksam werden, müssen wir sie in ihrem tatsächlichen Gebrauch *vor Ort* mit mehr Substanz, mit den Inhalten füllen, die wir verstehen und nachvollziehen können. Wenn wir uns bei unseren Abwägungen im Rahmen des ethischen Gesprächs auf die Topoi von Beauchamp und Childress (die sogenannten «vier Prinzipien»), auf die Regeln von Gert oder auf die «Menschenwürde» beziehen, dann gebrauchen wir Kategorien, die gewissermassen *weltweit* einleuchten (können). Ihre Geltung ist nicht bloss orts- und zeitgebunden. Wir greifen sie auf in ihrer «dünnen» universalistischen Bedeutung. Aber im *konkreten* Vollzug des Gesprächs und in den Abwägungen, die einen *bestimmten* Fall betreffen, müssen wir immer wieder zurückgreifen auf die «dicke» Bedeutung, die uns *vor Ort* einleuchtet. Nun gelten vor allem *unsere* Erfahrungen und sind die Interpretationen zu berücksichtigen, die wir in unserer kulturellen und gesellschaftspolitischen Umgebung mit den genannten Kategorien verbinden. Wir müssen die genannten Begriffe nun wiederholen. Das können wir nur, indem wir sie situationsgerecht interpretieren. *Ein Urteil fällen in einem bestimmten Fall ist also eine Frage der Interpretation.*

Die Richtigkeit der Argumente und der Kategorien, die wir im ethischen Gespräch verwenden, setzt ihre Gültigkeit über die Grenzen des Hier und Jetzt voraus. Sie sind universell. Aber in ihrer Anwendung müssen wir sie vor Ort interpretieren und anwenden. Urteilen heisst interpretieren.

9. Der «7-Schritte-Dialog» – zur Einführung

Zielsetzung des nun folgenden «7-Schritte-Dialog(s)» ist es, in Medizin und Pflege zu Entscheiden zu kommen, die dem Patienten oder der Patientin *angemessen* sind. Das nun folgende Modell stellt eine Präzisierung und Modifikation früherer Fassungen dar. (Baumann/Hölzle 1999 und 2011) Dem urteilsfähigen Patienten, dessen gesetzlichem Stellvertreter oder seinen Bezugspersonen soll in ethischen Dilemma-Situationen oder bei divergierenden Ansichten innerhalb des Behandlungsteams ein ethisch reflektierter Vorschlag unterbreitet werden. *Wenn möglich,* soll über einen solchen Vorschlag im Behandlungs- und Betreuungsteam allerdings ein Konsens bestehen. Der Entscheid für den Handlungsvorschlag wird gegenüber dem urteilsfähigen Patienten oder dessen gesetzlichem Stellvertreter und gegenüber den relevanten Bezugspersonen *begründet.* Dabei werden auch die anderen Handlungsmöglichkeiten aufgezeigt, die zur Diskussion standen. Zudem werden die Gründe des Behandlungsteams angegeben, die *gegen* diese Möglichkeiten gesprochen haben. Die daran anschliessende Entscheidungsfindung durch den Patienten bzw. seine Bezugspersonen soll nicht durch unterschiedliche Einzelmeinungen der Behandelnden und Betreuenden beeinflusst werden. Daneben erhält der für den Patienten im juristischen Sinne verantwortliche Arzt oder die verantwortliche Ärztin dahingehend Unterstützung, dass er oder sie die Gewähr bekommt, dass die Situation des Patienten umfassend evaluiert worden ist und die verschiedenen Aspekte der Therapievorschläge berücksichtigt wurden. Ist der Patientenwille nicht bekannt oder nicht ermittelbar, so muss stellvertretend entschieden werden. Solche stellvertretenden Entscheide beim nicht urteilsfähigen Patienten bedürfen ebenfalls stets eines interdisziplinären Austausches, um den mutmasslichen Willen des betreffenden Patienten erheben zu können.

Der Entscheidungsvorschlag und der Behandlungsplan des Behandlungsteams werden dem Patienten oder seinem gesetzlichen Vertreter – sofern vom Patienten autorisiert – und den Angehörigen mitgeteilt. Deren Entscheidungsfindung soll nicht durch Einzelmeinungen innerhalb des Teams beeinflusst werden.

10. Die Gesprächsrunde

Den organisatorischen Kern des vorgeschlagenen Modells bildet die interdisziplinär zusammengesetzte Gesprächsrunde. Diese kann von jedem Mitglied eines Behandlungsteams vorgeschlagen werden. Voraussetzung ist lediglich, dass dieses Mitglied eine *direkte* Beziehung zum Patienten unterhält. Die ethische Gesprächsrunde besteht aus einem *inneren* und einem *äusseren* Kreis. Nur der innere Kreis macht im Konsens Therapie- und Behandlungsvorschläge für den Patienten oder stellvertretend für diesen, falls Urteilsunfähigkeit vorliegt. Der äussere Kreis setzt sich zusammen aus weiteren Fachleuten oder Interessierten einer Abteilung und steht dem inneren Kreis beratend zur Seite. Beide Kreise zusammen sollten eine möglichst umfassende Perspektive auf die Patientensituation gewinnen. Die Entscheidungsverantwortung für den Behandlungsplan liegt beim urteilsfähigen Patienten bzw. der urteilsfähigen Patientin und im Falle einer Urteilsunfähigkeit bei der stellvertretenden Person. Falls von einem solchen Vetorecht Gebrauch gemacht wird, was allerdings äusserst selten der Fall ist, wird eine neue Gesprächsrunde einberufen. Geleitet wird die Gesprächsrunde von einem Moderator oder einer Moderatorin. Die Moderatoren sind eigens für diese Aufgabe geschult, aber sollten in der Regel keine externen ethischen Berater sein. Diese Moderatoren – Seelsorger, Ärzte und Ärztinnen, Pflegende – stammen nach Möglichkeit aus der eigenen Organisation. Diese unterhalten – wann immer möglich – keine professionelle oder soziale Beziehung zum Patienten. Wenn die moderierende Person nicht aus dem medizinischen oder pflegerischen Bereich stammt, sollte sie über ein hinreichendes Mass an medizinischem und pflegerischem Wissen verfügen. Der Moderator muss über ein solides Basiswissen in der Ethik verfügen, wie es beispielweise in diesem Mantelbüchlein enthalten ist, und die Grundvoraussetzungen eines freien ethischen Diskurses kennen.

Die Gesprächsrunde hat einen inneren und einen äusseren Kreis. Ihre Funktionen sind nicht die gleichen und die jeweiligen Kompetenzen sind verschieden.

11. Die 7 Schritte – im Einzelnen

Das Verfahren oder die Prozedur dieses ethischen Gespräches besteht aus folgenden sieben Schritten:

1. Schritt: die Erfahrung des vorliegenden Sachverhaltes als ethisches Problem

I. Die verschiedenen an der Besprechung beteiligten Personen stellen nacheinander ihre Problemwahrnehmung dar.

Dabei berücksichtigen alle:

- ihre wissenschaftliche Erfahrung, aufgrund deren sie *quantifizierend* und *beschreibend* den medizinischen und pflegerischen Sachverhalt feststellen.
- ihre Lebenserfahrung, die *qualifizierend* die bisherigen Erfahrungen mit Menschen mit dem vorliegenden Befund und dem dazugehörenden körperlichen Zustand reflektiert.
- ihre persönliche Erfahrung mit der jeweiligen Patientin oder dem Patienten, wobei diese Begegnung ebenfalls beschreibend in die medizinisch-ethische und pflegerisch-ethische Güterabwägung einbezogen wird.

- die Frage, ob der tatsächliche oder der mutmassliche Wille des Patienten bzw. der Patientin oder eines Stellvertreters bekannt sind.

II. Die Beteiligten diskutieren, worin die grösste Schwierigkeit der Situation liegt. Diese Schwierigkeit wird als ethisches Problem in einen Satz gefasst wie etwa den folgenden: «Unser gemeinsames ethisches Problem ist, …»

III. Die Beteiligten entscheiden, ob sie die vorgenommenen Massnahmen oder deren Vorenthaltung rechtfertigen müssen.

Kommentar: In dem ersten Schritt geht es darum, sich auf die zentrale ethische Fragestellung zu einigen. Dieser Prozess nimmt erfahrungsgemäss die meiste Zeit in Anspruch. Bei dieser Problemformulierung findet bereits eine erste ethische Gewichtung statt, denn man entscheidet darüber, ob eine ethische Rechtfertigung und Begründung anstehender medizinischer oder pflegerischer Massnahmen erforderlich ist. Solche Massnahmen können das Unterlassen oder das Tätigen von medizinischen oder pflegerischen Handlungen implizieren. Die Entscheidungsfindung impliziert den Einbezug aller Wahrnehmungsperspektiven der beteiligten Fachleute. Der erste Schritt betrifft lediglich eine erste Bestandsaufnahme. Aus diesem Grund muss der Moderator darauf achten, dass die Bestandserhebung *deskriptiv* bleibt. In medizinischer und pflegerischer Hinsicht wird die Lage des Patienten möglichst genau erfasst. Das Gespräch sollte allerdings nicht zu einem medizinischen Expertenaustausch oder gar Expertenstreit werden. Die ethische Wahrnehmung der Situation wird ebenfalls in ausschliesslich beschreibenden bzw. deskriptiven Begriffen beschrieben. In diesem Zusammenhang ist es hilfreich, die eventuell miteinander konkurrierenden moralischen Verpflichtungen, wie sie sich aus dem Dilemma ergeben, zu benennen. Lebenswelt und Lebenskontext des Patienten werden eruiert, seine Autonomiefähigkeit wird eingeschätzt. Die Beteiligten sollten die Beziehung, die sie zum Patienten unterhalten, reflektieren können.

Es ist von entscheidender Wichtigkeit, dass in dieser Phase des Gesprächs die Problembeschreibung und die Problemanalyse im Vordergrund stehen und die Formulierung von Lösungen unterbunden bleibt. Grundsätzlich sollte die Haltung eines vorläufigen «Nicht-Wissens» eingenommen werden, damit eine möglichst grosse Offenheit für ein breites Handlungsspektrum erzeugt wird. Diese Betonung des Nicht-Wissens als Ausgangspunkt beruht auf der Tatsache, dass der einzelne Mensch nur beschränkt über Wissen verfügt und dieses Wissen zu jeder Zeit ergänzungs- und korrekturbedürftig bleibt. Der Entscheid bezüglich des Vorenthaltens oder der Zumutbarkeit von medizinischen Massnahmen ist reserviert für Schritt 6, wenn die verschiedenen Handlungsoptionen hierarchisiert werden.

2. Schritt: Kontextanalyse des ethischen Problems

I. Der Kontext wird anhand der folgenden Fragestellung erschlossen: Was wissen wir noch nicht, was wir für die Klärung des ethischen Problems wissen müssten?

Für die Beantwortung dieser Frage können die folgenden Teilfragen zeitlicher, biografischer, institutioneller und personeller Natur hilfreich sein:

- Wie ist unser – unter Schritt 1 formuliertes – Problem entstanden und wie war sein Verlauf?
- Liefert die Lebensgeschichte des Patienten wichtige Hinweise bezüglich des Problems?
- Wo tritt das Problem auf? (Art der Institution, der Station, der Abteilung etc.)?
- Wer ist am Problem beteiligt? Und: Wer hat welche Verantwortlichkeiten und Kompetenzen?

II. Überprüfung: Wird nach dieser Kontextanalyse die obige Formulierung des ethischen Problems immer noch als eine gute Fassung der Hauptschwierigkeit empfunden?

Wenn ja: Fortführung des Modells mit Schritt 3.

Wenn nein: Neuformulierung des ethischen Problems und entsprechende Anpassung der Kontextanalyse.

Kommentar: Im zweiten Schritt wird der Kontext des ethischen Problems genauer angeschaut und wird überprüft, ob die ethische Kernfrage, so wie sie im ersten Schritt probeweise formuliert worden ist, weiterhin Bestand haben kann. Die Genese des Problems, die Rekonstruktion der Lebensgeschichte des Patienten, seine religiösen, weltanschaulichen und ethischen Auffassungen, die soziale Lage des Betreffenden, der Umgang mit der Krankheit aufseiten des Patienten und seiner Angehörigen, die genauere Analyse der Verantwortlichkeiten aller Beteiligten, die Entscheidungsfähigkeit des Patienten, die Situation des Behandlungsteams und die Verteilung der Kompetenzen stehen nun im Vordergrund. Auch hier – im zweiten Schritt – bewegen die Beteiligten sich überwiegend noch in einem beschreibenden oder deskriptiven Umfeld. Allerdings wird nun die Analyse, die im ersten Schritt angefangen wurde, vertieft und präzisiert. Am Ende dieses zweiten Schrittes muss die ethische Problemlage eine für alle Beteiligten klare und konsensfähige – *beschreibende* – Fassung erhalten haben. Undeutlichkeiten über das ethische Problem dürfen nun nicht mehr vorhanden sein.

3. Schritt: Wert- und Normenanalyse

I. Während Schritt 2 die Vertiefung der Entscheidungsfindung auf der deskriptiven Ebene darstellte, bedeutet Schritt 3 eine erste Vertiefung auf der *normativen* Ebene.

Für diese Vertiefung können folgende Fragen hilfreich sein:

- Welches ethische Dilemma steht zur Debatte?
- Was für Prinzipien, Normen oder Werthaltungen der Betroffenen stehen auf dem Spiel?
- Was für Prinzipien, Normen oder Werte werden von den Betroffenen selber genannt?

II. Für Fragen im medizinischen und/oder pflegerischen Kontext können die vier medizinethischen Topoi probeweise herangezogen werden, um das ethische Dilemma im Allgemeinen zu typisieren (z.B. «Autonomie» versus «Gutes tun»). Die Topoi sind vertraut und sie erlauben eine allererste generelle Charakterisierung. Eine genauere ethische Analyse erfolgt erst später. Es empfiehlt sich, diese gängigen Topoi im Laufe der weiteren Schritte immer als erste Kategorien zu benutzen.

- Autonomie
- Nicht-Schaden
- Gutes tun (bzw. «helfen»)
- Gerechtigkeit

Es können aber auch die zehn Regeln, die Bernhard Gert formuliert hat, berücksichtigt werden, da sie die genannten vier herkömmlichen «Prinzipien»/Topoi von Beauchamp und Childress ergänzen und vervollständigen. Aber auch andere, als einschlägig betrachtete Normen oder Werte können genannt werden. Es handelt sich hier allerdings um eine vorläufige und erste normativ-ethische Fassung des Problems.

Kommentar: Im dritten Schritt schreiten die am Gespräch Beteiligten zu einer ersten *normativen* Präzisierung. Das heisst in erster Instanz, dass nun die *präskriptiven* Kategorien der normativen Ethik ins Spiel kommen. Es wird nicht länger beschrieben, wie gehandelt wird und wie die Situation aussieht, sondern es wird gefragt, wie gehandelt werden *soll* und wie die Situation sowohl für den Patienten als auch für alle Beteiligten in einer moralisch angemessenen Art und Weise gestaltet werden *muss*. Nun werden moralische Handlungsprinzipien eingebracht, Handlungsnormen und Wertungen formuliert und auf die Rechte des Patienten und der Beteiligten hingewiesen. Regeln des Berufsethos, aber auch die rechtlichen Möglichkeiten und Grenzen eines Behandlungsplans werden genannt und zur Diskussion gestellt. Die persönlichen moralischen Auffassungen der Beteiligten werden identifiziert und reflektiert. Das ethische Problem wird anhand der von den Teilnehmern genannten Kategorien genauer charakterisiert. Falls wir es mit einem bereits ausformulierten ethischen Dilemma zu tun haben, d.h., falls es zwei Handlungsoptionen gibt, die sich auszuschliessen scheinen, wird die jeweilige Seite des Dilemmas mit mindestens zwei der vier Topoi in ethischer Hinsicht kartiert.

Zwischen ihnen besteht keine strikte Hierarchie und also keine strenge Ordnung des Vorziehens. Im Rahmen einer integrativen Verantwortungsethik müssen dem Würde- und dem daraus abgeleiteten Autonomieanspruch des Patienten im Sinne eines Instrumentalisierungsverbotes und eines Abwehrrechtes allerdings Priorität eingeräumt werden: Würde- und Autonomieanspruch bilden das Fundament der ganzen Abwägung. Einzige Ausnahme davon bildet die Notfallsituation, in der die Regel «Im Zweifel für das Leben» gilt. Anders verhält es sich jedoch mit der Einforderung von medizinischen oder pflegerischen Leistungen und Massnahmen: Trotz seines Autonomieanspruchs kann der Patient nur medizinische und pflegerische Massnahmen einfordern, die ihm nicht schaden, ihm helfen im Sinne des «Guten Tuns» und mit Gerechtigkeitskriterien bzw. einer fairen Mittelverteilung vereinbar sind. Das Autonomieprinzip im Rahmen der integrativen Verantwortungsethik ist dagegen als Abwehrrecht prioritär. Als Einforderungsprinzip ist es hingegen angesichts des Gerechtigkeitsprinzips nachrangig. Vor diesem Hintergrund muss auch das Prinzip der Schadensvermeidung dem Prinzip des Helfens vorgezogen werden.

4. Schritt: Entwurf von mindestens drei Handlungsmöglichkeiten

Ausser in Notfallsituationen gibt es fast immer zwei, meistens aber auch mehrere Handlungsoptionen. Damit wird die Entscheidungsbildung aus der Situation des «Entweder-oder» herausgeführt. Solchermassen können Positions- und Machtkämpfe vermieden werden.

In diesem Arbeitsschritt geht es um eine möglichst nicht gewertete und offene Aufzählung von Handlungsmöglichkeiten. Dabei werden letztmalig die rechtlichen Grenzen *nicht* berücksichtigt, um die kreative Entdeckung von Handlungsvarianten maximal zu fördern.

Kommentar: In ethischen Dilemma-Situationen entsteht oft der Eindruck, es seien nur zwei Handlungsoptionen möglich, die sich darüber hinaus gegenseitig ausschliessen würden. Um diese gegensätzlichen Handlungsmöglichkeiten werden dann Kämpfe ausgetragen. Eine solche Situation kann dadurch überwunden werden, dass mindestens eine weitere Handlungsmöglichkeit in Erwägung gezogen wird. In aller Regel, ausser in Notfallsituationen, existieren in der Tat mehrere Möglichkeiten, die aber aus einer eingeschränkten «Entweder-oder»-Perspektive heraus leicht vergessen und übersehen werden. Nun ist unsere ethische *Imagination,* unsere ethische Einbildungskraft, herausgefordert. So werden manchmal ganz neue und überraschende Handlungsvarianten entdeckt. Erforderlich ist hier eine Art «Brainstorming», das solche Varianten aufzeigt, selbst wenn sie auf den ersten Blick weder realistisch noch gänzlich gesetzeskonform sind. Diese Vorgehensweise ist aber kein Notbehelf, sondern entspricht im Grossen und Ganzen einer fundamentalen Einsicht im Hinblick auf ethische Sachverhalte: Oft kann ein ethischer Fall nicht mittels eines Schwarz-Weiss-Schemas entschieden werden. Die Antwort liegt oft in einem Zwischenbereich. Diese Einsicht entspricht wiederum dem graduellen Charakter mancher ethischer «Lösungen». Es existieren *Grade der Richtigkeit* und oft bleibt eine Zone der Ungewissheit und des Zögerns übrig. Diese sind aber keine Merkmale einer mangelhaften oder gar schlechten Lösung, sondern oft Kennzeichen des *vermutlich* Richtigen. Abgesehen von dem Fall einer nahezu evidenten Handlungswahl, die dann aber keine Entscheidungsprozedur benötigt, ist das ethische Gespräch geprägt von dieser *Zwischenlage* des Angemessenen.

5. Schritt: Analyse der Handlungsmöglichkeiten

1. Zuerst werden jetzt die rechtlich nicht zulässigen Verhaltensoptionen gestrichen.

2. Anschliessend werden die verbliebenen Handlungsvarianten im Hinblick auf ihre ethische Tragfähigkeit genauer angeschaut. Dabei werden zunächst a) die relevanten moralischen Gesichtspunkte – die Topoi – wie sie bereits unter Schritt 3 genannt worden sind, noch einmal wiederholt. Die Frage hier lautet: Welche Topoi sind hier wirklich *relevant?* In einem zweiten und nun *entscheidenden* Schritt werden b) die moralischen *Rechte* des Patienten und die *Verpflichtungen* aufseiten der Behandelnden, die aus seiner Menschenwürde erfolgen und die mit einem oder mehreren Topoi korrespondieren, im Hinblick auf die zur Debatte stehenden Handlungsoptionen *identifiziert* und *diskutiert*. Diese Grundrechte (in Wortlaut von Dieter Birnbacher) waren:

1) das Recht, von Würdeverletzungen im Sinne der Verächtlichmachung und Demütigung verschont zu bleiben
2) das Recht auf ein Minimum an Handlungs- und Entscheidungsfreiheit (Autonomie als Entscheidungsfreiheit)
3) das Recht auf Hilfe in unverschuldeten [und verschuldeten, Anmerkung der Autoren] Notlagen
4) das Recht auf ein Minimum an Lebensqualität
5) das Recht, nicht ohne Einwilligung und in schwerwiegender Weise zu fremden Zwecken instrumentalisiert zu werden (das Defensivrecht der Autonomie als Selbstbestimmung, Instrumentalisierungsverbot).

Diese Rechte formulieren, angesichts der relevanten Topoi, welche moralischen *Ansprüche* ein Patient (oder der bestellte Wahrnehmer seiner Rechte) legitimerweise stellen kann, und sie weisen auf die *Verpflichtungen* hin, die aus dieser Situation für die Behandelnden entstehen.

Diese Rechte müssen in jedem individuellen Fall und angesichts der konkreten Umstände *interpretiert* werden. Diese Devise gilt bereits im Hinblick auf das dritte Recht, das nämlich im Zusammenhang mit der spezifischen Situation eines Patienten (wie geschehen) erweitert werden muss: Auch in *verschuldeten* Notlagen haben Menschen ein Recht auf Hilfe. Aus den moralischen Rechten folgt aber *grundsätzlich* die Pflicht,

1) dem Patienten mit Respekt und Achtung zu begegnen (Recht 1),
2) die Autonomie des Patienten im Sinne seiner Entscheidungsfreiheit zu berücksichtigen (Recht 2),
3) dem Patienten im Sinne der Fürsorge jede erforderliche und sinnvolle Hilfe zukommen zu lassen (Recht 3),
4) die Lebenserhaltung mit Leidensabwägungen zu verknüpfen (Recht 4)
5) den Patienten nicht zum Gegenstand einer Fremdbestimmung oder gar zum Objekt von fremdbestimmten Lebensqualitätsurteilen zu machen (Recht 5).

Dieses Abwägungsmodell mit seinen fünf moralischen Grundrechten ist aus dem Menschenwürde-Status I abgeleitet. Indem wir von «Rechten» sprechen, machen wir deutlich, dass der Umgang in moralisch relevanten Entscheidungssituationen mit Patienten sich *nicht* aus karitativen Motiven herleiten lässt. Wir bewegen uns zwar in einem Umfeld, in dem Sorge-Haltungen und Fürsorge-Praktiken eine enorme Bedeutung besitzen, aber auch in ihnen geht es um das, *was wir einander schulden.* Sobald wir den Sorge-Bereich solchermassen charakterisieren, haben wir es mit Rechten und Pflichten zu tun. Wenn die moralischen Grundrechte nicht abwägbar sind, wie wir gesehen haben, bedeutet dies, dass ihre Geltung unabhängig von Folgeneinschätzungen jedweder Art wirksam ist. Nützlichkeitserwägungen, die im utilitaristischen Konsequentialismus die alleinige Grundlage moralischer Erwägungen bilden, sind hier fehl am Platz. Auch dann, wenn aufgrund von Folgeneinschätzungen durchaus schwerwiegende Gründe dafür zu sprechen scheinen, eines oder einige dieser Rechte einzuschränken, sind solche Einschätzungen hier irrelevant. Jene Rechte gelten unter allen Umständen. Sie haben deshalb einen *deontologischen* Status.

Genau aus diesem Grund sind tugendethische Überlegungen nicht ausreichend. Der Appell an Tugenden kann die Entscheidungsfindung nicht ersetzen, die stets in einem Spannungsfeld von Rechten und Pflichten stattfindet. Auch das teleologische Modell, das mit einer gehaltvollen Auffassung über die menschliche Natur operiert, hat hier seine Grenzen. Abgesehen von dem Problem, dass es verschiedene und konkurrierende Auffassungen über die Natur des Menschen gibt, müssen die Einsichten, die ein solches teleologische Modell vermittelt, allererst in die Sprache moralischer Rechte (und Verpflichtungen) übersetzt werden. Das kann aber ohne allzu grosse Probleme gelingen, wenn man einen bedürfnisorientierten Ansatz wählt, wie wir ihn bei Martha C. Nussbaum angetroffen haben. Über den genaueren *Gehalt* jener Rechte wissen wir nur Bescheid, wenn wir sie als die moralischen Gefässe unserer fundamental-menschlichen Bedürfnisse auffassen.

Vier weitere Überlegungen sind hier wichtig. Erstens: Was ein jeweiliges moralisches Grundrecht *in dieser oder jener konkreten Situation* bedeutet, ist abhängig von einer Interpretationsleistung: das Recht und die Situation müssen *beide* interpretiert werden. Zweitens: Die fünf Grundrechte sind in dem Sinne nicht abwägbar, dass ihre Missachtung zugunsten anderer Rechte oder Verpflichtungen nicht hingenommen werden kann. Sie können aber gleichwohl *dosiert* werden, weil sie *miteinander* in Konflikt geraten können. Damit bestimmte fundamentale Hilfeleistungen stattfinden können (im Sinne von Recht 3 oder 4), kann das Recht auf minimale Handlungsfreiheit (Recht 2) – etwa bei nicht einsichtsfähigen Patienten – in einem bestimmten Masse (zeitweilig) eingeschränkt werden. Allerdings stellt sich dann die Frage, ob wir im Falle Nicht-Einsichtsfähiger überhaupt mit Handlungsfreiheit zu tun haben. Abwägungen können jedenfalls auch in der Sphäre moralischer Grundrechte stattfinden.

Drittens: Gerechtigkeitsfragen sind in den bisherigen Überlegungen eher unterbelichtet geblieben. Das hängt damit zusammen, dass diese Überlegungen – sowohl in der Grundlegung (Mantelbüchlein I) als auch in den Anwendungen (Mantelbüchlein III) – vor allem auf Entscheidungskonflikte im medizinethischen Alltag gerichtet sind und weniger auf Fragen, die sich auf der institutionellen Ebene der Verteilungsgerechtigkeit stellen. Aber auch die Grundrechte können nur erfüllt werden, wenn es gerechte Institutionen gibt, die für eine materielle und ideelle Grundlage Sorge tragen. Viertens: Es existiert keine Ethik, die auf alle Notlagen vorbereiten kann, geschweige denn diese Notlagen lösen könnte. Eine «Moral extremer Lagen» (Guntolf Herzberg) lässt sich durch keine noch so gute Theorie bewältigen.

6. Schritt: Konsensfindungsprozess und Handlungsentscheid

I. Verallgemeinerung

Fallverallgemeinerung:

- Welche Handlungsmöglichkeiten können wir verallgemeinern?
- Welche Verallgemeinerungen führen zu welchem Klima in der Zusammenarbeit?
- Welches Klima wollen wir?

Systemverallgemeinerung:

- Was für Fragen wirft diese Problemstellung im Hinblick auf die Institution auf?
- Erwachsen aus diesen Überlegungen noch weitere Handlungsoptionen?

II. Hierarchisierung der Handlungsoptionen

Eingriffstiefe:

- Mit welchem Entscheid beschneiden wir den Autonomieanspruch bzw. die Rechte der Patientin bzw. des Patienten am stärksten? Mit welchem am geringsten?
- Wenn der Wille des Patienten oder seines Stellvertreters nicht bekannt ist, verlangt es eine Abwägung hinsichtlich des Vorenthaltens von Massnahmen oder deren Zumutbarkeit.

Regel für die Konsensfindung:

- Ausschöpfen der niederschwelligen Handlungsoptionen

III. Güterabwägung

Die Vor- und Nachteile jeder Handlungsmöglichkeit werden im Hinblick auf die damit verwirklichten und die gleichzeitig nur teilweise oder nicht realisierten Güter in einer Tabelle aufgelistet.

IV. Entscheid bezüglich des Handlungsvorschlags und des Behandlungsplans.

Kommentar: Der Konsensfindungsprozess, der am Ende zu einem Handlungsentscheid führen soll, ist ein dynamischer Vorgang. An dieser Stelle sei erneut darauf hingewiesen, dass Sicherheit ein falsches ethisches Ideal ist, abgesehen von einzelnen evidenten Handlungssituationen, die dann allerdings keine Prozedur des Überlegens brauchen. Es sei nur kurz an die anfangs zitierten Passagen des Aristoteles erinnert, denen zufolge das moralische Handeln – wie wir heute sagen würden – oftmals *kontingent* ist. «Kontingent» heisst in diesem Zusammenhang nicht «zufällig», wohl aber, dass wir in vielen Handlungssituationen nur zu *wahrscheinlich richtigen Resultaten kommen können.* Wir sind in dem ethischen Gespräch auf der Suche nach einem Überlegungsgleichgewicht. Wir testen unsere Argumente, beziehen möglichst viele Gesichtspunkte in die Diskussion mit ein und hoffen auf eine Übereinstimmung, auf einen Konsens am Ende des Gesprächs. In der Praxis kann man sich diesen Vorgang als Suche nach einer Richtung vorstellen, nach einem Fokus, auf den sich die Argumente zubewegen. Man nennt diese Art des Argumentierens auch «Konvergenzargumentation». Das heisst: Die Argumente, die im Laufe des Gesprächs gleichsam in die Arena geworfen werden, tendieren nach einer gewissen Weile in eine bestimmte Richtung, sie zeigen eine Richtung an, sie *konvergieren.* Das Gespräch neigt sich gewissermassen einer bestimmten Handlungsoption zu, von der wir mit guten Gründen annehmen können, dass sie die wahrscheinlich richtige ist.

Die Rede von der *Fallverallgemeinerung* ist ihrerseits erläuterungsbedürftig. Sie kann heissen, dass wir in Zukunft in allen ähnlichen Situationen genauso handeln wollen, wie im vorliegenden Fall. Wenn das so ist, können wir für diese medizinischen Situationen eine Regel erlassen, gewissermassen eine Norm für die Station oder Institution, in der wir arbeiten. Unter sonst gleich bleibenden Umständen, also unter ähnlichen Bedingungen und in vergleichbaren Fällen, können wir uns dann in Zukunft an diese Regel halten. Die Verallgemeinerung kann sich aber auch auf die Argumente beziehen, die vorgetragen werden: Sind die Argumente verallgemeinerungsfähig in dem Sinne, dass es sich um *gültige* Argumente handelt, erweist sich die mit ihnen begründete Handlungsoption als angemessen. Ein substanzieller Bestandteil der Argumentation betrifft die Hierarchisierung der Handlungsoptionen und die Güterabwägung. Die Güterabwägung betrifft in aller Regel die in einer gegebenen Situation zur Disposition stehenden Optionen. Die Abwägung kann aber auch einen Konflikt zum Gegenstand haben oder lediglich die Ausbalancierung der verschiedenen Aspekte einer Handlungsoption.

7. Schritt: Kommunikation und Überprüfung des Handlungsentscheids

I. Kommunikation

- Wird der Entscheid schriftlich festgehalten (Akte) und eventuell aufgezeichnet?
- Wem gegenüber – infrage kämen alle Betroffenen (Schweigepflicht tangiert?) – soll der Entscheid kommuniziert werden?
- Wer kommuniziert wie und mit wem über den Entscheidungsvorschlag und den Behandlungsplan?

II. Überprüfung

- Braucht der Entscheid ein «Verfallsdatum», da sich die Situation wesentlich verändern kann?
- Wird der Entscheid – eventuell gemeinsam mit anderen, ähnlichen Entscheiden – zu einem bestimmten Zeitpunkt evaluiert, um daraus für weitere Dilemmatasituationen lernen zu können?

Kommentar: Die Art und Weise, wie Entscheide kommuniziert werden, ist für die Patienten und ihre Bezugspersonen sehr bedeutsam. Denn der Umgang mit einer Krankheit, mit dem Leiden, Sterben und dem Tod eines Menschen wird massgeblich von dieser Kommunikation beeinflusst. Worte können Menschen psychische Verletzungen zufügen oder sie durch schwierige Lebenssituationen hindurch tragen. Die Bedeutung der Worte in solchen existenziellen Lebensmomenten sollte nicht unterschätzt werden. Vor diesem Hintergrund ist zu bedenken, wer vom Behandlungs- und Betreuungsteam den Patienten und/oder dessen Bezugspersonen am besten erreicht und mit welchen Worten. In solchen Situationen erweist es sich als besonders wichtig, dass die Lebenswelt, d.h. Lebenskontext und Lebensentwurf der Betroffenen, möglichst gut gekannt werden. Das Ergebnis der ethischen Gesprächsrunde soll verbindlich sein. Deshalb sollte das (Kurz-) Protokoll von der juristisch verantwortlichen Person unterzeichnet werden, wobei für die Umsetzung des Entscheids ein Zeithorizont angegeben wird. Diese Person kann sich dann in einem Streitfall darauf berufen, den Entscheid sorgfältig und unter dem bestmöglichen Einbezug verschiedener Perspektiven getroffen zu haben.

In diesen sieben Schritten sind die wichtigsten Gesichtspunkte genannt worden. Im Folgenden wollen wir lediglich zusätzliche Aspekte und Fragestellungen dieses Verfahrens nennen. Einige dieser Fragen sind einer Prozedur entnommen, die als Nimwegener Methode für ethische Fallbesprechungen in den Niederlanden Bekanntheit geniesst und von den beiden Medizinethikern Norbert Steinkamp und Bert Gordijn (Steinkamp/Gordijn, 235 ff.) entwickelt wurde. Diese Methode lässt sich gut in die ersten Teile unseres 7-Schritte-Modells einpassen. Wir haben ihre Formulierungen lediglich sprachlich etwas angepasst. Andere Aspekte der nun folgenden Fragen sind von uns zusätzlich formuliert worden.

Dem *ersten* Schritt – der «Erfahrung des Sachverhalts als ethisches Problem» – können folgende Fragen hinzugefügt werden:

Wie lauten Diagnose und Prognose?

Gibt es womöglich einen Dissens über Diagnose und Prognose?

Welche Behandlung wurde vorgeschlagen und welchen Effekt hat sie auf die Prognose?

Wie lautet die Prognose, wenn von der vorgeschlagenen Behandlung abgesehen wird?

Hat die Behandlung Erfolgsaussichten und kann die Behandlung dem Patienten Schaden zufügen?

Wie verhalten sich die positiven zu den negativen Auswirkungen?

Wie sieht die pflegerische Situation des Patienten aus und wie lautet der Pflegeplan?

Ist der Patient über seine Lage hinreichend informiert und ist er in der Lage, seine Situation emotional und kognitiv ausreichend zu verstehen?

Ist der Patient bisher an den Überlegungen und Entscheidungen über die Behandlung genügend beteiligt worden?

Wie urteilt er selber über die Belastungen und über den Nutzen der Behandlung?
Ist der Patient in der Lage, sich selbst zu versorgen oder braucht er zusätzliche Hilfe?
Über welche Erfahrungen mit der vorliegenden Art der Erkrankung verfügen die Beteiligten?
Benennen die Beteiligten alle die gleichen Probleme im vorliegenden Fall oder gibt es signifikante Abweichungen?
Wie beschreiben die Beteiligten das ethische Problem und liegt ein Konsens über die Art der ethischen Problemlage vor?

Dem *zweiten* Schritt – der «Kontextanalyse des ethischen Problems» – können folgende Fragen hinzugefügt werden:

Wie und wann ist das ethische Problem überhaupt entstanden?
Hat sich dieses Problem im Laufe der Behandlung geändert?
Was wissen wir über die ethischen Auffassungen des Patienten oder der Patientin?
Sind uns die religiösen oder weltanschaulichen Vorstellungen des Patienten bekannt?
Braucht der Patient eine seelsorgerliche Unterstützung?
Spielen diese Vorstellungen für den Patienten eine Rolle im medizinisch-pflegerischen Behandlungsplan?
Haben diese religiösen oder weltanschaulichen Vorstellungen des Betreffenden für die anderen Beteiligten eine Bedeutung?
Kennen wir die Sichtweise des Kranken hinsichtlich seiner Erkrankung und seines Zustandes?
Wie sieht die soziale Umgebung des Patienten aus?
Wie wirken sich die Krankheit und die Behandlung auf die Angehörigen, auf seinen Lebensstil und auf seine soziale Lage aus?
Existieren Meinungsverschiedenheiten zwischen Ärzten, Pflegenden, Angehörigen und dem Patienten selber über den Behandlungsplan?
Hat es zwischen den Ärzten, Pflegenden, Angehörigen und dem Patienten eine ausreichende gemeinsame Beratung gegeben?
Sind die jeweiligen Verantwortlichkeiten hinreichend abgegrenzt worden?
Wie wird mit vertraulichen Informationen umgegangen?
Ist der Patient der Wahrheit entsprechend über seine Lage informiert worden oder gab es gewichtige Gründe, Informationen zurückzuhalten?
Sind im Behandlungsteam Spannungen vorhanden, die den Behandlungsablauf und den Umgang mit dem Patienten betreffen?
Sind diese Spannungen sachlicher oder ethischer Natur?

> Sind die anvisierten Massnahmen unter dem Gesichtspunkt der Verteilungsgerechtigkeit zu verantworten?
> Müssen Interessen Dritter berücksichtigt werden?

Dem *dritten* Schritt – der «Wertanalyse» – können folgende Fragen hinzugefügt werden:

> Wie charakterisieren wir das Befinden des Patienten und wie wirken sich die Krankheit und die Behandlung auf das Wohl- oder Unwohlbefinden der betreffenden Person aus?
> Welche Prinzipien, Normen oder Werte stehen im Zentrum der moralischen Überzeugungen des Patienten?
> Gibt es im Hinblick auf die vier medizinethischen Topoi eine Reihenfolge oder Hierarchie der Dringlichkeiten?
> Verstehen die Beteiligten diese Topoi in der gleichen Art und Weise oder lassen sich signifikante Unterschiede feststellen?
> Sind alle relevanten Fakten und Informationen bekannt, sodass ein verantworteter Entschluss gefällt werden kann?
> Stehen normative Überzeugungen (Prinzipien, Normen, Werte) in einem Konflikt miteinander?
> Wie lässt sich dieser Konflikt beschreiben und wie lässt sich dieser Konflikt bewerten?

Dem *vierten* Schritt – dem Entwurf von mindestens drei Handlungsmöglichkeiten – können folgende Fragen hinzugefügt werden:

> Stehen sich zwei gegensätzliche Handlungsoptionen gegenüber oder können wir – mindestens – eine alternative Handlungsmöglichkeit formulieren?
> Welches sind die relevanten ethischen Aspekte dieser jeweiligen Handlungsmöglichkeiten?
> Schliessen sich die formulierten Handlungsmöglichkeiten ganz oder teilweise gegenseitig aus?
> Wie sieht das Verhältnis der ethischen Aspekte der Handlungsmöglichkeiten zu den faktischen rechtlichen Vorgaben aus?

Die von uns bereits erwähnten Medizinethiker Steinkamp und Gordijn haben im Hinblick auf besondere Situationen, in denen man es mit nicht-willensfähigen Personen, mit Kindern oder mit Patienten mit einer lang andauernden Behandlung zu tun hat, eine Liste von Fragen geschaffen, die wir hier vollständig und wörtlich zitieren (Steinkamp/Gordijn, 238).

Patienten ohne eigene Willensfähigkeit:

- Wie und durch wen wird festgestellt, dass der Patient nicht zu einem eigenen Willen fähig ist?
- In welcher Hinsicht ist er nicht willensfähig?
- Wird die Willensunfähigkeit als zeitlich begrenzt oder dauerhaft angesehen?
- Welche Aussicht besteht auf Wiederherstellung der Willensfähigkeit?
- Können die jeweils zu treffenden Entscheidungen so lange aufgeschoben werden?
- Was weiss man über die Werte des Patienten?
- Gibt es einen guten Vertreter der Interessen des Patienten?

Kinder:

- Wurde dem Kind ausreichend Gehör geschenkt?
- Kann das Kind in Hinsicht auf die Behandlung selbst entscheiden?
- Welche Behandlungsalternative steht am meisten in Übereinstimmung mit den Werten der Eltern?
- Was bedeutet es für das Kind, falls der Auffassung der Eltern entsprochen bzw. gerade nicht entsprochen wird?

Lange andauernde Behandlung:

- In welchen Situationen muss das Vorgehen in der Pflege überdacht und eventuell verändert werden?
- Welche Haltung vertritt der Patient gegenüber Veränderungen des Vorgehens in der Pflege?

Bibliografie

Antonovsky, Aaron, *Salutogenese: zur Entmystifizierung der Gesundheit,* Tübingen 1997 (Forum für Verhaltenstherapie und psychosoziale Praxis, 36).

Baumann-Hölzle, Ruth, *Autonomie und Freiheit in der Medizin-Ethik,* Karl Alber: Freiburg/München 1999.

Baumann-Hölzle, Ruth, *7 Schritte Dialog. Ein Modell zur ethischen Entscheidungsfindung.* Beilage in der Zeitschrift Praxis Palliative Care, Ausgabe 12/2011.

Baumann-Hölzle, Ruth, Wertorientierung – Integrative Verantwortungsethik in Medizin und Pflege, in: Ch. Arn/T. Weidmann (Hg.), *Ethik für Fachpersonen. Handbuch Ethik im Gesundheitswesen Bd. 2,* EMH Schwabe: Basel 2009, 151–162.

Beauchamp, Tom L./Childress, James F., *Principles of Biomedical Ethics,* Oxford University Press: Oxford/New York/Toronto 1979.

Birnbacher, Dieter, *Analytische Einführung in die Ethik,* Walter de Gruyter: Berlin/New York 2003.

Birnbacher, Dieter, Menschenwürde – abwägbar oder unabwägbar?, in: *Biomedizin und Menschenwürde,* hg. von Mathias Kettner, Suhrkamp: Frankfurt a. Main 2004, 249–271.

Birnbacher, Dieter, Patientenautonomie und ärztliche Ethik am Beispiel der prädikativen Diagnostik, in: *Jahrbuch für Wissenschaft und Ethik,* Bd. 2.

Düwell, Marcus e.a. (Hg.), *Handbuch Ethik,* Metzler: Stuttgart/Weimar (2. Auflage) 2006.

Düwell, Marcus, Prinzipienethik, in: Stoecker, R. e.a. (Hg.), *Handbuch Angewandte Ethik,* J. B. Metzler: Stuttgart 2011, 23–27.

Ehni, Hans-Jörg/Marckmann, Georg, Die Verlängerung der Lebensspanne unter dem Gesichtspunkt distributiver Gerechtigkeit, in: Kell, Sebastian/Weber, Marcel (Hg.), *Länger leben? Philosophische und biowissenschaftliche Perspektiven,* Frankfurt a. Main 2009, 264–286.

Fabio, Udo Di, *Grundgesetz. Textausgabe mit ausführlichem Sachverzeichnis und Einführung,* Deutscher Taschenbuch Verlag: München 2007.

Gerhardt, Volker, *Der Mensch wird geboren. Kleine Apologie der Humanität,* C.H. Beck: München 2001.

Gert, Bernhard, *Die moralischen Regeln. Eine neue rationale Begründung der Moral,* Suhrkamp: Frankfurt a. Main 1983.

Habermas, Jürgen, *Vorstudien und Ergänzungen zur Theorie des kommunikativen Handelns,* Suhrkamp: Frankfurt. a. Main 1984.

Hastings-Report: Die Ziele der Medizin – neue Prioritäten setzen in: Stauffacher, Werner/Bircher, Johannes (Hg.), *Zukunft Medizin Schweiz. Das Projekt «Neuorientierung der Medizin» geht weiter,* Basel 2002, 324–389.

Herzberg, Guntolf, *Moral extremer Lagen. Menschliches Handeln unter Entscheidungsdruck zwischen Leben und Tod,* Königshausen & Neumann: Würzburg 2012.

Hintjes, Jacques, *Analytische Ethiek. Een kritische introductie,* Giotto: Vaals 1997.

Hope, Tony, *Medizinische Ethik,* Hans Huber: Bern 2008.

Jonas, Hans, *Das Prinzip Verantwortung. Versuch einer Ethik für die technologische Zivilisation,* Suhrkamp: Frankfurt a. Main 1979.

Körtner, Ulrich H. J., Gesundheit um jeden Preis? Ziele und Kosten des medizinischen Fortschritts aus ethischer Sicht, in: ders., *Unverfügbarkeit des Lebens? Grundfragen der Bioethik und der medizinischen Ethik,* Neukirchen-Vluyn 2001, 35–53.

Maio, Giovanni, *Mittelpunkt Mensch: Ethik in der Medizin. Ein Lehrbuch,* Schattauer: Stuttgart 2012.

Marckmann, Georg/Heinrich, Vanessa, In sieben Schritten zur Problemlösung, in: *Ethik & Unterricht,* Jg. 11, 4/01, Friedrich Verlag: Seelze, 16–21.

Nagel, Thomas, *Der Blick von nirgendwo,* Suhrkamp: Frankfurt a. Main 1992.

Nida-Rümelin, Julian (Hg.), *Angewandte Ethik. Die Bereichsethiken und ihre theoretische Fundierung,* Kröner: Stuttgart 1996.

Nida-Rümelin, Julian, *Demokratie und Wahrheit,* Beck: München 2006.

Nida-Rümelin, Julian, *Strukturelle Rationalität. Ein philosophischer Essay über praktische Vernunft,* Reclam: Stuttgart 2001.

Nussbaum, Martha C., *Die Grenzen der Gerechtigkeit. Behinderung, Nationalität und Spezieszugehörigkeit,* Suhrkamp: Berlin 2010.

Nussbaum, Martha C., Menschliche Fähigkeiten, weibliche Fähigkeiten, in: dies., *Gerechtigkeit oder Das gute Leben. Gender Studies,* Suhrkamp: Frankfurt a. Main 1999, 176–226.

Ott, Konrad, *Moralbegründungen zur Einführung,* Junius: Hamburg 2001.

Schmitt, Thomas, Deontologische Ethik, in: Handbuch Angewandter Ethik, hg. von R. Stoecker e.a., J. B. Metzler: Stuttgart 2011, 43–49.

Simma, Bruno/Fastenrath, Ulrich (Hg.), *Menschenrechte. Ihr internationaler Schutz,* Deutscher Taschenbuch Verlag: München 2010.

Steinkamp, Norbert/Gordijn, Bert, Ethik in der Klinik – ein Arbeitsbuch. Zwischen Leitbild und Stationsalltag, Luchterhand: Neuwied/Köln/München 2003.

Walzer, Michael, A Critique of Philosophical Conversation, in: *Thinking Politically. Essays in Political Theory,* Yale University Press: New Haven/London 2007, 22–37.

Walzer, Michael, *Lokale Kritik – globale Standards. Zwei Formen moralischer Auseinandersetzung,* Rotbuch Verlag: Hamburg 1996.

Wils, Jean-Pierre/Hübenthal, Christoph, *Lexikon der Ethik,* Schöningh: Paderborn/München/Wien/Zürich 2006.

Wils, Jean-Pierre, *Nachsicht. Studien zu einer ethisch-hermeneutischen Basiskategorie,* Schöningh: Paderborn/München/Wien/Zürich 2006.

Wils, Jean-Pierre, Zur Typologie und Verwendung der Kategorie «Menschenwürde», in: ders. (Hg.), *Ethik ohne Chance? Erkundungen im technologischen Zeitalter,* Attempto: Tübingen 1991 (2. Auflage), 130–157.

Wittgenstein, Ludwig, *Über Gewissheit,* Werkausgabe Band 8, Suhrkamp: Frankfurt a. Main 1984.

Wolff, Jean-Claude/Schaber, Peter, *Analytische Moralphilosophie,* Alber: Freiburg i. Br./München 1998.

Notizen

Notizen